禪의 羅針盤

崇山 法語
活眼 編撰

불교통신교육원

책 머리에

　세월이 가니 옛 사람이 그리워진다.
　1980년대 미국 프로비덴스 관음선종교회에서 초청되어 가서 보니 미국, 캐나다, 폴란드, 영국, 스페인, 브라질, 프랑스 등 여러 나라에서 수십 명의 학인들이 참석해 공부하고 있었고 동부 여러 대학 교수님들과 학생들이 열심히 정진하고 있었다.
　나는 그들과 함께 발우공양을 하면서 3박 4일 동안 특강을 들었는데 끝나는 날 강의 노트를 나에게 주면서 "이것은 내가 생각하는 세계불교의 교재다. 선을 중심으로 하였기 때문에 혹 교리에 미진한 점이 있을는지 모르니 부족한 점이 있으면 보충하여 편집해 주었으면 좋겠다." 하셨다.
　나는 감격하여 이 글을 비행기에서부터 쓰기 시작하여 출판기념회를 하는 시간까지 꼭 23일이 걸렸다.
　한국일보사에서 식자를 해 주고 보림사에서 출판하여 정신없이 돌아갔는데 그 뒤 애독자들이 나와 스님 회갑 때는 여러 가지 인연된 글들을 한데 모아 "千江에 비친 달"이란 책을 내게 되었다.
　그러나 스님 가신 지 세월이 갈수록 그때의 그 강의가 생각나 다시 한 번 읽다가 보니 스님의 그 생생한 음성과 제스처가 다시 한 번 살아났다. 나 혼자만 보고 생각하기에는 너무도 안타까운 점이 있어 다시 한 번 정리하여 제2, 제3의 숭산스님이 탄생하기를 희망하며 출간한다.

숭산스님의 포교에 대한 원력이 너무도 깊고 넓기 때문에 지금은 그 영향으로 동서 여러 나라에서 실천되고 있지만 그래도 프로비덴스에서 처음 일어난 불기운만은 못한 것 같다.

어떻게 하면 스님의 그 원력과 행이 이 세상 끝까지 꽉 채워질 수 있게 할 것인가 하는 것은 나만의 생각이 아닌 것 같다. 모두 함께 뜻을 모아 그 원력과 그 행이 이 세상 끝까지 꽉 찰 수 있도록 노력하자.

불기 2556년 정월 활안 한 정 섭

일러두기

1. 이 책은 숭산 행원스님의 법어 가운데서 「선의 나침반」을 재정리한 것이다.

2. 이 책은 스님께서 프로비덴스 관음 선종학교를 개설하고 최초로 특강한 교재이다.

3. 이론을 위한 이론이 아니고 삶의 지표가 분명히 살아있는 불교성전이다.

4. 스님께서는 이 책을 가지고 세계 인류가 다 같이 깨달음 속에서 세계평화를 이룩한다면 얼마나 좋겠는가 희망하시었다.

5. 깨달음에는 성속 남녀가 없기 때문이다.

목 차

책머리에 ·· 3
일러두기 ·· 5

프로비덴스에서 ··· 9
불교의 목적 ·· 12
소승불교사상(小乘佛敎思想) ·· 36

  1. 소승불교의 기본교리(小乘佛敎 基本敎理) ················ 53
    (1) 연기(緣起) ·· 53
    (2) 사성제(四聖諦) ·· 61
    (3) 삼법인(三法印) ·· 68

대승불교사상(大乘佛敎思想) ·· 73
  1. 대승불교(大乘佛敎)의 여섯 가지 관법 ······················ 73
  2. 여러 가지 경전 ·· 80
    (1) 반야심경(般若心經)의 철학 ································· 80
    (2) 금강경의 진리(金剛經 眞理) ······························ 84
    (3) 열반경의 대의(涅槃經 大意) ······························ 87
    (4) 법화경의 원리(法華經 原理) ······························ 89
    (5) 법성게의 도리(法性偈 道理) ······························ 93
    (6) 화엄경의 사상(華嚴經 思想) ······························ 97
    (7) 업과 윤회의 실상(業及輪廻 實相) ··················· 100
    (8) 육도만행(六度萬行)의 보살사상 ······················· 105

참선불교(參禪佛敎) ·· 111
 1. 참선불교의 특징(參禪佛敎 特徵) ································· 111
 2. 선의 분류(禪分類) ··· 118
 3. 불립문자(不立文字) ·· 122
 4. 교외별전(敎外別傳) ·· 126
 5. 직지인심(直指人心)과 견성성불(見性成佛) ····················· 130
  (1) 직지인심(直指人心) ··· 130
  (2) 견성성불(見性成佛) ··· 135
 6. 선의 법칙과 좌선의(坐禪儀) ··· 136
  (1) 고칙공안(古則公案) ··· 136
  (2) 좌선의(坐禪儀) ··· 138
 7. 대오(大悟)의 법칙과 참구수행법(參究修行法) ················ 139
  (1) 대오의 법칙(大悟法則) ·· 141
  (2) 각종의 참구법(各宗參究法) ······································· 141
  (3) 선(禪)의 삼대요소(三大要素) ···································· 143
  (4) 의리선(義理禪)의 수학적 해석 ·································· 145
 8. 공안의 시험(公案試驗) ··· 151
  (1) 어떤 것이 불성이냐(如何是佛性) ····························· 151
  (2) 세 가지 물건(三般物) ··· 152
  (3) 여여한 경지(如如地) ··· 154
  (4) 돌이켜 보라(廻光返照) ··· 155
  (5) 인생의 길이란(人生路) ··· 156
  (6) 보는 이가 곧 여래다(卽見如來) ································ 158
  (7) 어느 곳으로 가느냐(向甚麼處去) ······························ 160
  (8) 도솔삼관(兜率三關) ··· 161
  (9) 실중삼관(室中三關) ··· 164
  (10) 그대로 부처다(卽如如佛) ·· 165

프로비덴스에서

「땅…」 「땅…」 「땅…」

범종성이 프라브데스의 밤하늘에 높이 높이 울려 퍼진다.

세계 각국에서 모여온 선학도들과 한국에서 이민 온 청장년들. 그리고 멀리 고국을 떠나 유학 온 젊은 남녀 학생들 300 여명이 관음젠스쿨 큰 법당을 꽉 채우고 정원 앞 잔디밭에까지 나와 앉았다.

은은한 목탁소리에 맞추어 삼귀의(三歸依)를 하고 입정(入定)이 끝나자 신도회 고문께서 법회의 연기(緣起)에 대하여 설명하였다.

존경하는 세계시민 여러분? 그리고 이 자리를 꽉 메워주신 한국의 동포 여러분, 오늘부터 우리는 부처님 행을 대신하는 숭산대선사를 모시고 일주일 동안 특별법회를 갖게 되었습니다. 이것은 한국인의 영광인 동시에 세계불자의 영광이며 세계인류의 복전입니다.

바쁜 생활 가운데서 자기를 반성해 볼 수 있는 시간을 얻게 되었다는 것은 미국시민으로서는 생각할 수 없는 행복이며, 더욱이 그 행복 가운데서도 위대한 스승을 모시고 '선의 나침반'을 듣게 된 것은 이보다 더 큰 행복은 있을 수 없습니다.

내가 동경에 있을 때 북해도 대학에 교환교수로 왔다가 떠나게 된 미국교수가 북해도대학 청년들에게 이런 말을 하였습니다.

청년들이여, 큰 뜻을 가져라. 사람은 누구나 자기가 처한 입장과 처지에 따라서 이해관계와 생각을 달리하고 있다. 그러나 총리대신이 되든지 큰 부자가 되든지 노벨상수상자가 되든지- 그것은 아무래도 상관이 없다. 다만 큰 사기꾼이나 도적놈이 되는 꿈 이외에는 무엇이든 큰 뜻을 가지고 살아가라. 하였습니다.

내 나이 70 고령이 넘어 이제 80 고개를 바라보고 있는 처지이지만 나는 그 때의 생각을 잊어버리지 않고 있습니다.

그런데 이제 내가 여러분에게 부탁하고 싶은 것은 큰 의심덩어리를 가져달라고 하고 싶습니다. 돈을 벌고 사랑을 하고 명예를 얻고 출세를 하며 멋있게 한바탕 인생의 꿈을 심어볼 만한 나이이지만, 도대체 그 명예, 그 사랑, 그 출세가 무엇을 위해 필요한 것이며, 이제 그 명예와 사랑과 재물을 짊어진 나는 어느 곳으로부터 왔다가 어느 곳으로 갈 것인지 한번 크게 의심하여 볼 필요가 있습니다. 이것을 모르면 그 귀한 명예, 재산, 사랑이 한바탕 꿈이라, 살아도 삶의 보람을 찾을 수 없기 때문입니다.

나는 왜 살고 있는가. 삶의 목적은 무엇인가. 빈부귀천의 차별은 어느 곳으로부터 생기는가. 왜 우리는 36년간 일본 사람들의 제압 밑에서 고생을 하고 살아야 했으며, 왜 우리는 남북전쟁을 해야만 하는가?

나는 이와 같이 여러분과 같은 나이 또래 때 이런 의심을 많이 해왔습니다. 그래서 이 문제를 해결하기 위해서 책도 많이 보고 유명한 선생님들도 많이 찾아보았으며 갖가지 고생도 많이 했으나 결국 그 의심을 풀지 못하고 고민하다가 부처님의 인연으로 행원스님을 만나 나 자신을 통철함으로써 곧 그 의심을 풀고 말았습니다.

그러자 이제 내 나이 80이 다 되어 한 소식을 얻어 내 문제는 해결하였다 하더라도 세계와 중생 문제를 바라보면 파거불행(破車不行)이요 노인불수(老人不修)라 어찌할 바가 없습니다.

그러나 이제 여러분은 피가 끓는 청년들, 더욱이 다음 세대를 지고 나아갈 최고 지성인들입니다. 만일 여러 지성인들께서 일찍이 자기 본분을 깨닫고 국가민족을 짊어지고 나가게 된다면 그 세계와 민족은 밝고 평화로운 것입니다. 세계인류가 올바른 마음을 가지고 올바른 자유 속에서 올바른 화평을 유지할 수 있는 길, 이 길은 부처님의 말씀을 바로 듣고 믿고 실천하는 데서 이루어질 수 있는 것이니 이번 기회를 통해서 자기 인생을 확립하도록 노력하시기 바랍니다.

불교의 목적

숭산스님이 법좌에 오르자 모든 대중이 일어나서 간절히 3배하고 법을 청하였다.

차법심심의(此法甚深義) 대중심갈앙(大衆心渴仰)
유원대선사(唯願大禪師) 광위중생설(廣爲衆生說)
"이 법의 깊고 깊은 뜻을 대중들이 목마르게 듣기 원하오니 원컨대 스님께서는 널리 중생을 위하여 설하여 주옵소서"
하는 말이다.

스님께서 허락하시고 자리를 평온히 하신 뒤에 다음과 같이 설법하였다.

"청법대중은 무엇을 위하여 여기 이렇게 모였는가?"
불법을 듣기 위해서라면 불법의 목적을 모르고서는 이 법을 시작할 수 없다. 이 세상 모든 것은 목적 없는 결과가 있을 수 없기 때문이다.

그렇다면 불교의 목적은 무엇인가? "부처"라는 말은 인도 말인데 우리나라 말로는 '깨닫는다'고 풀이하고 있다. 무엇을 깨닫는다는 말인가. 빈손으로 왔다가 빈손으로 가는 인생, 무엇 때문에 왔다 가는지 그것을 깨닫는다는 말이다. 도대체 인생은 어디서 왔다가 어디로 가는 것인가. 이것을 모르면 인생의 목적을 알 수 없다. 그러므로 불교를 하는 사람들 가운데서 철학, 과학, 문학자가 나와서 철학박사 학위도 받고 과학박사 학위도 받고 문학박사 학위도 받는데, 그래서 요즘 와서는 불교를 종합예술이라 하여 어느 것에나 연관시키지 않는 것이 없다.

그러면 그 어떤 점이 철학이요 과학이요 문학이요. 예술인가.

옛날 어떤 스님이 물었다.

"어떤 것이 불법입니까?(如何是佛敎)"

"봄 닭 우는 소리다.(春日鷄聲)"

이게 도대체 무슨 소리인가. 불교가 무엇이냐고 물었는데 봄에 닭 우는 소리다. 봄에 닭 우는 소리가 어떻게 불법이 된다는 말인가. 듣는 사람치고 의심하지 않는 사람 없으리라. 그러나 봄에 닭 우는 소리를 알면 인생을 깨달을 수 있는 것이다. 불교는 깨닫는 것이라고 하지 않했는가. 닭 우는 소리를 깨닫는 사람은 곧 자기를 깨달을 수 있기 때문이다. 누가 닭 우는 소리를 들었는가. 내가 닭 우는 소리를 들었다. 어디로 들었는가. 귀로 들었다. 아니야, 그런 소리 말아. 죽은 사람은 분명 귀가 뚫려 있어도 소리를 듣지 못하는데…

그렇다면 누가 들었단 말인가. 이 120근 무거운 고기 덩어리를 끌고 다니는 사람, 하여간 그 자가 어떻게 생겼는지는 알 수 없지만 그 자가 봄에 닭 우는 소리를 들었다. 그러므로 불법을 알려면 봄에 닭 우는 소리를 알아야 하는 것이며, 그

불교의 목적 **13**

봄 닭 울음소리에 불법의 적적대의(的的大義)가 들어 있는 것이다.

어떤 스님이 동산(洞山)스님께 물었다.
"어떤 것이 부처입니까?(如何是佛)"
"삼 서근 이니라.(芝三斤)"

또 어떤 스님이 운문스님께 물었다.

"어떤 것이 부처입니까?(如何是佛)"
"마른 똥막대기이니라.(乾屎)"
부처님을 욕하여도 분수가 있지. 부처님이 마른 똥막대기라 했으니 이 어찌된 말인가. 점점 알 수 없는 말이다. 그러므로 결국은 그 말을 모른다는 것은 그 말을 한 자, 즉 나를 모른다는 말이다. 내가 분명히 나를 안다면 내가 어찌 나의 말을 모를 것이며 저의 말을 모를 것인가. 모르는 원인은 결국 나의 마음을 모르는데 문제가 있는 것이다.

그러면 마음이란 있는 것인가 없는 것인가. 어떤 스님이 마조(馬祖)스님께 물었다.
"어떤 것이 부처입니까?(如何是佛)"
"마음이 곧 부처이니라.(心卽是佛)"
"어떤 것이 마음입니까?(如何是心)"
"부처가 곧 마음이니라.(佛卽是心)"

조금 쉬운 말이다. 누구나 할 수 있는 말이다. 마음을 깨달으면 곧 부처가 되고 부처가 되면 곧 사람은 사람이지만 깨달은 사람이므로 보통 사람이라 부르지 않고 부처님이라 부르는 것이다.

"어떤 것이 부처입니까?(如何是佛)"

"마음도 아니요 부처도 아니니라.(非心非佛)"

묻는 말은 한결 같은데 대답은 날마다 달라지니 도깨비에 들리지 않고서야 그럴 수 없다.

그러나 그 말이 옳은 말이다. 보아라. 여기 주장자가 있고 녹음기가 있고 마이크가 있고 컵이 있다. 그러나 이 녹음기·마이크·주전자·컵은 본래부터 녹음기·마이크·주전자·컵으로 뱃속에서부터 정해져 나온 것이 아니다. 사람들이 그렇게 부르니까 그렇게 이름이 붙은 것뿐이다. 원래 그것은 주전자도 녹음기도 마이크도 컵도 아니었다. 마찬가지로 우리의 마음도 그러한 것이다. 태양을 일본 사람들은 '다이요'라 부르고 미국 사람들은 'Sun'이라고 부르고 한국 사람들은 '해'라고 부르지만 실로 그 태양은 해도 다이요도 Sun도 아니다. 그러니 마음도 아니요 부처도 아니라고 할 수 밖에 더 있겠는가. 어제는 마음도 모르고 부처도 모르니까 마음과 부처를 통하여 불심(佛心)을 깨닫게 한 것이지만 오늘은 그 마음이나 부처에 집착하면 곧 본래의 마음을 깨달을 수 없으므로 마음도 부처도 아니라고 한 것이다.

그러므로 불교는 나를 깨달아 자기를 완성하는 것이다. 그래서 불교운동을 각(覺)의 운동이라 하는 것이다. 각은 깨달은 힘이 있어야만 되므로 각의 운동을 역(力) 즉 에너지 운동이라고도 부르고 있다. 그 에너지는 곧 어두운 것을 밝히는 작용을 하므로 빛(光)의 운동이라 부르기도 하고, 그 빛은 곧 진리의 광명에서 쏟아져 나오는 것이므로 진리의 운동이라 부르기도 한다.

따라서 불교의 목적은 인간의 목적을 밝히는 것으로서 삶의 의의를 포착하는 것이 곧 불교의 목적을 달성하는 것이 된다.

"무엇 때문에 사느냐?" 묻는다면
"어떤 사람은 돈을 위해 산다."
"사랑을 위해서 산다."
"명예를 위해 산다."
"아내를 위해 산다."
"남편을 위해 산다."
"자식을 위해 산다."

각기 자기가 좋아하는 것을 골라 나는 누구 무엇을 위해 산다고 지목하여 밝힐 것이다. 그러나 그것은 삶의 목적이 아니다. 삶의 방편이요 수단이요 의지이지 그것이 목적은 아니다. 결국 알고 보면 인생은 자기를 위해서 사는 것이다. 자식을 사랑하고 명예를 존중하고 철학을 좋아하고 예술을 즐기는 것, 그 모든 것이 결국은 자기를 복되게 하고 지혜롭게 하며 행복하게 하기 위해서 하는 것이다. 그러므로 자기를 깨닫지 못하고 돈이나 명예나 사랑이나 기타 어떤 것이든 그의 노예가 되어 사는 것은 결코 행복할 수 없는 것이다.

임제(臨濟)스님이 모처럼 발심하여 황벽(黃檗)스님의 제자가 되었다. 발심(發心)이란 최초로 자기를 알고 싶어 하는 마음을 일으킨 마음을 말한다. 내가 누구인가, 어디서부터 왔다가 어디로 가는가? 생각해보니 앞길도 막막하고 뒷길도 막막하였다. 아버지의 아버지도 아버지이고 아버지의 아버지도 아버지이며 어머니의 어머니도 어머니이고 어머니의 어머니도 어머니여서 캐고 들어가도 결국은 한 아버지 한 어머니라 차라리 하나님이라 해버리고 마는 것이 났겠다고 생각하는 사람도 있지만 그렇다면 결국 그 하나님은 누가 낳은 자식이란 말인가? 계란 속에서 닭이 나오고 닭 속에서 계란이 나와 계란이 닭이요 닭이 곧 계란이라 구분할 수 없는 처지에 놓이면 아버지가 아들 같고 아들이 곧 아버지 같아 전혀 구분할 수 없게 된다.

이런 경지에 들어가서 3년을 꼬박 앉아 찾고 찾았는데도 결말이 나지 아니하였다. 입승(立繩)스님이 가만히 뒤에서 보니 참으로 답답하기 그지없었다.

"저 사람을 어떻게 좀 도와야지."

생각하고 가서 물었다.

"무엇을 그렇게 생각하고 앉았오?"

"좌선하고 있습니다."

"문답을 한번이라도 해 보았오?"

"무엇을 알아야 물을 것이 있지요?"

"허기야 그렇기는 하겠지마는 위의를 갖추고 황벽스님께 찾아가서 불법의 적적대의를 한번 문의하여 보십시오."

"그럴까요."

그거야 별로 어려울 것이 없는 것 같았다. 임제스님은 비로소 자리에서 일어나 가사 장삼을 입고 위의를 갖추어 황벽스님께 찾아가 넙죽이 절을 하였다. 황벽스님이 물었다.

"무엇하러 왔노?"

"불법의 적적대의가 무엇입니까?"

말이 떨어지기도 전에 황벽스님은 들고 있던 주장자(柱杖子)로 30방을 내려 쳤다. 한두 방도 아니고 30방망이를 맞고 나니 등허리가 무너지는 것 같았다.

"도대체 이게 웬 일인가? 내가 무슨 행동을 잘못 했다는 말인가? 아니면 물음을 잘못 했다는 말인가?"

잔뜩 의아심을 품고 내려오니 입승이 물었다.

"뭐라고 하십니까?"

"불법의 적적대의를 물었다가 30방망이를 맞았습니다."

"그래요? 거 참 안되었군요. 그렇지만 그 이유를 모르고서는 안 되니 내일 한 번 더 가 보십시오."

임제상좌는 그 까닭을 알 필요가 없다 생각하고 이튿날 또 위의를 단정히 하고 전날과 꼭 같이 물었다. 그랬더니 또 다짜고짜로 30방망이를 내려 쳤다. 키가 8척에 육덕이 좋은 임제이기는 하지만 선머슴 메치듯 30방망이를 맞고 나니 정신이 핑 돌았다.

"저 영감이 미쳤나. 왜 나를 때리나?"

하고 속이 상당히 상하기는 하였지만 아직 그 내력을 모르는 이상 그냥 반기를 들 수는 없는 일이었다. 그것은 이유를 달 만한 틈을 준다면 혹 한 번 화를 내볼 여지가 있는데 전혀 짬을 얻지 못한데다가 또 무슨 말을 했다가 다시 또 더 맞지나 않을까 겁이 나서 도망치다시피 뛰쳐나왔다.

임제는 무척 분했다. 코를 씩씩거리고 눈물을 흘리며 나오니 또 입승이 물었다.

"무슨 말씀이 없던가?"

"말씀은 무슨 말씀입니까? 등허리에 피가 맺히도록 맞기만 했습니다."

"거참 이상도 하네. 이유 없이 매를 때릴 리가 없는데. 삼세 번이라 내일 한 번만 더 가보게."

그리하여 임제는 세 번째 황벽을 찾아갔다. 그런데 황벽은 여지없었다. 여전히 30방을 내려쳤다. 연 3일 90방망이를 맞고 나니 아주 정이 뚝 떨어졌다.
"이런 막판에서 무슨 공부냐?"
하고 그는 바로 지대방으로 들어가 짐을 챙겼다. 입승이 왔다. 이젠 쳐다보기도 싫었다.
"무엇하는가?"
"짐을 챙깁니다. 가야지요. 이런 절에서 어떻게 삽니까?"
"이런 숙맥. 가르쳐 주어도 알지 못하니 별수 없군."
하고 혀를 톡톡 찼다.
"이 절하고는 인연이 없으니 가야지. 그러나 3년 동안 밥만 얻어먹고 떠나게 되었으니 큰 스님에게 인사나 하고 가게."
하고 입승스님이 곧 바로 황벽스님께 나아가 길을 인도하여 주시도록 간청하였다.
"임제가 떠난다고 합니다. 바른 길을 인도하여 주십시오."
황벽스님은 아무 말씀하지 않고 있다가 임제가 와서 절하자 물었다.
"어디로 갈 것인가?"
임제는 화가 난 듯 말했다.
"집 없이 떠나는 사람이 정한 장소가 있겠습니까?"
"그렇다면 북쪽 대우(大愚)에게 찾아가라."
정작 갈 곳이 없이 떠난다고는 하였지만 매우 걱정하였는데 마침 길을 인도하여 주니 매를 때리긴 하였어도 고마웠다. 며칠을 걷고 걸어서 겨우 대우스님이 계신 곳에 나아가니 대우스님께서 보고 물었다.
"어디서 왔느냐?"

"황벽스님 절에서 왔습니다."
"그래 황벽스님께 무슨 법을 물었더냐?"
"3년 좌선 중에 3일 동안에 90 방망이만 맞았습니다."
하며 매우 언짢은 기색을 하였다.
그런데 그 스님은 뜻밖에
"노파심절(老婆心切)이 그토록 친절하던가?"
하였다. 임제는 그 말 아래 당장 깨닫고 말하였다.

"황벽스님의 법문이 몇 푼어치 되지 않는군요."
"뭐 이놈. 황벽스님 법문이 몇 푼어치 되지 않는다고?!"
황벽스님은 임제의 멱살을 잡고 옆구리를 세 번 쾅 쾅 쾅 하고 내려 쳤다. 그리고 말하였다.
"너 이놈 누구 앞에서 개소리냐. 어서 가서 황벽스님께 감사하라."
하는 수 없이 임제는 그 곳에서 무엇을 깨달았는지 모르지만 멱살을 잡히고 옆구리만 세 번 쥐어 박히고 돌아왔다. 스님께 문안드렸다.
"스님, 돌아왔습니다."
"응, 그래 올 줄 알았다."
스님께서는 이미 올 줄 알고 계셨기 때문에 조금도 대수롭지 않게 생각하였다.
"그래, 대우스님께서 뭐라고 하더냐?"
"스님께서 그렇게까지 친절하게 가르쳐 주시더냐?"
고 하시면서
"노파심절이 지나치시다."
하셨습니다.

"뭐? 그 놈의 늙은이가 입이 싸가지고, 그만!"
하면서 스님께서 화를 벌컥 내었다.
"내 이놈, 오기만 하면 가만 두지 않으리라."
"가만 두지 않으면 어떻게 하시렵니까?"
"한 대 때려주지."
"뭐 그 때까지 기다리실 것 있습니까?"
하고 임제가 황벽스님을 한 대 갈겨댔다. 황벽스님이 화를 벌컥 내면서,
"야, 이놈. 여기가 어디라고 손찌검을 하느냐?"
"여기가 어디는 어디입니까? 황벽당이지."
하니 황벽스님께서 일어서면서 외쳤다.
"여기가 바로 호랑이 굴이다. 호랑이 굴속에 들어와서 호랑이의 수염을 건드려."
그 때 임제가 벌떡 일어나
"어흥어흥"
하고 호랑이 흉내를 내면서 황벽을 잡아먹을 듯이 달려들었다. 스님은 급히 자리를 피하면서 소리소리 질렀다.
"애들아, 이 미친 중을 법당으로 끌고 가거라."
하여 법상을 차리고 대중을 모아 법을 전하니 이것이 황벽선사의 이심전심(以心傳心)이다.
　자기를 깨닫고 세상을 구하는 일. 이것을 불교에서는
"상구보리(上求菩提)하고 하화중생(下化衆生)이라"
한다. 중생을 버리면 불국토건설이 이루어지지 않고 자기를 도외시하면 성불작조(成佛作祖)가 멀어진다. 그러니 이들 중 어느 하나도 버릴 수가 없다. 이 두 바퀴를 한꺼번에 굴리고 가면서 열반피안(涅槃彼岸)에 이르는 것, 이것을 불교의 목적

이라 한다.

불교는 배우는 데 의미가 있는 것이 아니라, 실천하는 데 의미가 있다. 8만 대장경을 위로 외우고 아래로 외운다 할지라도 쓰지 못하면 아무런 소용이 없다. 오늘 이 법회도 내 말을 듣자는 데 의미가 있는 것이 아니라 말을 통하여 불법을 실천하자는 데 의미가 있는 것이다. 백번 듣더라도 실천함이 없다면 나에게 무슨 의미가 있겠는가.

가령, 여기 주스, 설탕물, 꿀이 있다고 하자

"어느 것이 다냐?"

물을 때 주스가 달다, 설탕이 달다, 꿀이 달다, 이렇게 이야기하는 것은 이론에 불과하다. 그러나 그럴 때는 냉큼 주스잔이나 설탕물 꿀을 들어 입속에 직접 넣어 본다. 그러면 맛을 알게 아닌가?

"아? 달기는 다 같이 달아도 단 맛이 이렇게 다르구나!"

하는 '아!' 속에 벌써 진리는 체득된다. 소진장이의 구변과 용수보살의 총력(總力)을 가지고 주스, 설탕, 꿀맛을 이렇게 설하고 저렇게 말한다 할지라도 이론은 끝이 없고 언어문자를 가지고는 완전을 기할 수 없는 것이다."

그러기 때문에

"수염이 대자라도 먹어야 양반이다."

하는 말이 있는데 먹어야 배가 부르기 때문이다.

황벽스님의 법문은 말이 아니었다. 직접 설탕물을 먹여주고 주스를 먹여주고 꿀맛을 맛 보여준 것이다. 세상 어떤 사람이 환자나 갓난아이가 아니고서야 직접 숟가락을 들고 꿀물을 떠서 입에 넣어주는 사람이 있겠는가?

그러니 대우스님은

"너희 스님이 그렇게까지 친절하더냐?"

되물을 수밖에 없는 것이다. 남녀 관계 애인도 아니고 앓아 누운 병자도 아니고 그렇다고 숟가락을 들을 수 없는 아이도 아닌데 그렇게까지 친절하게 먹여주더냐는 말이었다.

그 때 또

"이렇더냐 저렇더냐"

질문하고 대답하면 그 또한 학자불교다. 선은 학이 아니다. 학문은 지식을 배우는 것이지만 선은 각성(覺性)을 깨닫는 공부를 하는 것이기 때문이다. 그래서 강원에서는 옛 선인들의 '이력을 본다'고 하는 것이다. 너무도 잘 아는 사실이지만 옛날에 백낙천(白樂天)이 조과선사를 찾아가 물었다.

"어떤 것이 불법입니까?"

"제악막작(諸惡莫作), 중선봉행(衆善奉行)

자정기의(自淨其意), 시제불교(是諸佛敎)니라"

하였다. 나쁜 짓 하지 않고 착한 일만 하고 그 마음을 깨끗이 쓰면 그것이 불법이라는 말이다. 그러니 백낙천이 껄껄 웃으면서

"그 까짓 것이야 3척 동자도 다 아는 사실이 아닙니까?"

"3척 동자도 다 알고 있는 사실이지만 80노인도 실천하기는 어렵다."

그렇다. 불법은 행하는 데서 지혜가 생긴다. 아는 것은 아는 데서만 그치면 식(識)쟁이가 되고, 그러니 불교는 믿는 것이 아니라 행하는 것이다. 이미 믿는 것이 확실하게 되었다면 실천해야지 실천하지 않는 것은 그림의 떡이다. 진리를 알아야만 내 인생이 정립되고 우주관이 확립된다. 나는 왜 이렇게 여기 있으며 이 세상에 태어나서 무엇을 해야 할 것인가를

말이다.

　세계에는 종교도 많고 사상도 많고 지식도 많다. 그래서 그 모든 종교가들, 사상가들, 지식쟁이들이 각기 자기 것이 옳다고 주장한다. 그런데 깨닫고 보면 성경만 진리이고 불경만이 진리인 게 아니라 개, 돼지, 소, 닭 어느 것 하나 진리 아닌 것이 없고 새 소리, 바람 소리, 물소리, 비행기 소리, 자동차 소리, 기차 소리, 마차가 흔들리는 소리—이 모든 소리가 진리 아닌 것이 없다. 그러므로 옛사람들은 상여 나가는 소리를 듣고 인생을 깨쳤고, 어떤 스님은 청소하다가 돌멩이가 대나무에 부딪치는 소리를 듣고도 도를 깨달았으며 서산대사 같은 이는 닭 소리를 듣고도 발백심비백(髮白心非白)의 소식을 얻었다. 그러니 중요한 것은 깨닫는 것이다. 언제 어디에서나 자기의 입장과 처지를 분명히 깨닫고 자기가 하여야 할 일을 알면 그 사람이 도인이요 철인이다.

　그런데 여기서 가장 중요한 것은 그 깨달을 수 있는 마음의 준비가 시급하다.

　어떤 사람이 닭을 보지 않고 자동차를 보지 않겠느냐 만은 그것을 보고 깨달았다고 하는 것은 그 사람이 깨달을 수 있을 만한 마음의 준비가 갖추어져 있었기 때문이다. 배부른 사람에게는 백 가지 음식이 있어도 아무런 소용이 없다.

　그러면 그 마음의 준비란 무엇인가?

　나를 버리는 일이다. 나를 내세우면 바람이 오다가 먼저 부딪치므로 바람맞는 사람이 된다. 하지만 내가 없다면 허공 따라 흘러가는 바람 소리에 흥겨운 노래가 흘러나올 수 있다. 그러기 때문에 소크라테스가 '너 자신을 알라' 하는 바람소리에 흥겨운 노래가 흘러나올 수 있었던 것이다.

그때 여러 제자들이 소크라테스를 향하여 물었다.
"당신은 당신을 아십니까?"
"나는 나를 아직 모르지만 그 모른다는 것은 내가 알고 있네."
하여 부지(不知)의 철학을 남겼다. 루소도 말했다
"대자연으로 돌아가라"
스피노자도 말하였다.
"제일 원리를 깨달아라"

그 제1의 원리가 무엇인지는 많은 사람들이 아직도 문제를 삼고 있는 바이지만 제일 원리는 곧 원점이요. 근본이다. 근본에 돌아가면 모든 것과 하나가 되고 원점에 이르면 피차가 둘이 아니므로 "상구보리 하화중생"이 둘이 되지 않는다. 자기 완성과 불국정토. 이것은 불교의 이상인 동시에 모든 인류의 이상이며, 세계의 희망이다. 모든 인류가 너와 나를 함께 깨달아 절대적 자유와 절대적 평등 속에서 절대적 안락세계를 이룩할 때 불교의 목적은 달성되기 때문이다.

그러면 끝으로 여러분에게 한 가지 문제를 제시하여 주겠다. 이 문제는 오늘 직접 이 자리에서 풀어도 좋고 그렇지 못하면 다음 강의시간까지 쪽지에 적어내면 내가 가려 보기로 하겠다.

"홍콩에 계신 큰 스님이 한분 오셨는데 그의 이름이 세진(洗塵)이었다. 6조스님께서는 본래 한 물건도 없다고 하셨는데 세진스님은 무슨 티끌을 씻어 낸다고 하여 세진이라고 하였는고? 여러분의 이름이 세진이라 생각하고 여기에 답을 하기 바란다."

◎ 불교의 분류와 구성

불교의 분류는 여러 가지 측면에서 생각하여 볼 수 있다.

불교구성의 3대요소인 불·법·승 3보를 중심으로 구분할 수도 있고 교단사나 교리발달사의 측면에서 원시불교, 소승불교, 대승불교로 구분하여 볼 수도 있으며 세부(細部) 학문적인 측면에서 불교철학, 불교문학, 불교미술 하는 식으로 구분할 수도 있다.

그러나 나는 여기서 불교의 위대한 바다를 그 흘러내려온 과정을 통하여 소승불교(小乘佛敎)·대승불교(大乘佛敎)·참선불교(參禪佛敎) 셋으로 구분하여 보았다.

일반적으로 불교학자들이 소·대승불교를 구분할 때는, 소승불교는 선정에 의한 신비적 체험주의에 전통적 교단 중심주의를 가미(加味)한 것으로서, 타율적 자리적 출세간적 초월적 독선적 형식적 고행적 은둔적 이상주의라고 이름 짓는데 반하여, 대승불교는 이성적 지식(知識)사상에 현실적 자유주의를 가미한 자율적 이타적 세간적 사회적 정신적 향락적 실제적 활동적 불교라 대조하고 있다.

그리고 선은 문자를 세우지 않고 바로 사람의 마음을 가리켜 견성성불(見性成佛)하는 것으로 보고 있다.

그러나 나는 여기서 그 교학적인 따분한 이론적 분석보다는 내용적 현실을 감안하여 소승불교는 소아(小我)를 깨달은 것이고 대승불교는 대아(大我)를 깨달은 것이며 선은 한마디로 무아(無我)를 깨달은 것이라 말하고 싶다. 왜냐하면 소승불교는 제법(諸法)의 체·상·용(體·相·用) 가운데 체·상(體·相)만을 보고 상불교(相佛敎)를 무시하며 체세계(體世界)에 돌아가게 한 불교인 까닭이고, 대승불교는 그 모양을 보지 않고 무엇에 쓰느냐 하는 것을 본위로 하여 작용불교(作用佛敎)를 중점적으로 실천한데 반하여 선불교는 체와 상과의 작용을 동시에 다 쓰고 있기 때문이다.

가령 주장자를 예를 든다면 소승불교에서는,

"주장자란 무엇이냐?"

할 때

"주장자는 나무 작대기로 겉모양은 이렇게 생겼고 속모양은 이렇게 생겨서 결국 이것은 한 줌의 탄소가 집합된 것이므로 불에 태우면 한줌의 재가 되고 만다."

설명하지만 대승불교에서는 그 체나 모양은 말하지 않고

"주장자는 주로 짚고 끌고 다니며 법문하고 할 때 길잡이가 된다."

고 설명한다. 그러나 선불교에서는

"이것이다 저것이다."

하는 관념적 분별심 자체를 여의어서 그 주장자를 보고 마음을 일으킨 사람의 마음을 들어서 보인다.

다시 말하면 소승불교에서는 인생을 놓고 볼 때

"왜 사느냐, 사는 자체가 고통이 아니냐. 그렇다면 일체의 고통으로부터 헤어나야 하지 않느냐. 헤어나려면 근본(하느님)으로 돌아가 영원한 세계에 안주하여야 되지 않겠느냐?"

하는 귀납적(歸納的)방법으로 돌아가기 때문에 그 돌아갈 방법과 모습을 매우 중요시한다. 그래서 250계와 500계를 중시하는 물리적 종교를 형성한 것이다.

그래서 그들은

"나쁜 짓을 하지 말라, 좋은 일만 하라."

"마음을 깨끗이 가져라, 더럽게 가지면 못 쓴다."

고 교훈적 종교의식을 강조하고 있다.

그런데 대승불교는 그러한 형식보다는 오히려 내용을 더욱 중시한다. 그러므로 대승불교에서는

"왜 죽였느냐?"

하는 것을 문제 삼지, 죽인 것 그 자체 즉 악을 가지고 선악을 판단하지 않는다. 말하자면 거짓말하고 도둑질하고 간음한 사실에 있어서 그 사실을 죄악시하는 것보다는 그 동기를 더욱 중시하는 것이다. 똑같이 사람을 죽였는데도 경찰이 정당방위를 위해서 죽인 것은 죄악시하지 않는데 도둑놈이 살인강도한 것은 큰 죄로 다스리고 있다. 그러므로 대승불교에서는

"그른 일을 하지 말라."

하는 것 보다는

"바른 일만 하라."

고 강조하고 있으며 나의 성불보다는 중생들의 성불을 더욱 중요시하고 있다.

그런데 선불교에서는 그 선이니 악이니 하는 말에 팔리지 말고 선심과 악심을 일으키게 된 동기부터 그 마음속 깊은 곳으로 자각심을 일으켜야 한다는 것이다. 왜냐하면 선악에 대한 관념은 벌써 2차 3차적인 것인데 반하여 그것을 생각하고 판단하는 마음은 원초적인 것이기 때문이다. 한 파도가 일어나면 만 파도가 이는 법이라 파도가 난 뒤에 그것이 좋은 파도냐 나쁜 파도냐 하는 것보다는 애초부터 파도를 일으키지 않아야 하는 것이다. 또 이미 난 파도를 가라앉히려 애쓰기보다는 파도가 곧 물이요 물이 곧 파도인 도리를 깨달아

파도와 물에 흔들리지 않고 물에 들면 물, 파도에 들면 파도를 따르되 물이 높으면 높게 파도가 얕으면 수파추랑(隨波追浪)하는 것이 그대로 선불교이다.

일반적으로 학자들은 지역을 구분하여 실론·인도·태국·네팔 등 동남아 불교는 소승불교이고, 중국·한국·미얀마·월남·일본 등의 불교는 대승불교라 하고, 선불교는 오직 한국과 중국·일본에만 남았다고 주장하고 있지만 다 이는 추상적 관념적 불교관이다. 왜냐하면 소승권 내의 불교도 가운데도 대승심을 가지고 있는 이가 있고 대승권 안에 있는 불교도 가운데도 소승심을 버리지 못한 자가 있으며 선불교를 하는 사람 가운데도 대·소승불교의 테두리를 벗어나지 못한 사람들이 많이 있기 때문이다.

그러므로 불교의 구분은 그 형태 형식도 중요하지만 그 형식과 형태를 나타낸 사람들의 마음자세를 깊이 판단해 볼 필요가 있다.

그런데 이들 모든 불교가 똑같이 믿고 이해하고 실천하여 가는 데 있어서 뚜렷한 목표가 있다. 그 목표를 중심으로 구성된 형태가 불·법·승(佛·法·僧) 3보이다. 이것을 보배라 하는 것은 세속의 보배들이 인간의 물질적 가난을 제거하여 주듯이 이 3보는 인간의 정신적 가난을 제거하여 주는 까닭이다.

그러면 불보(佛寶)란 무엇인가?

불자가 마땅히 믿고 존경해야할 성인인 것이다. 그러므로 그것은 정적(靜的)인 신앙인 것이다. 모든 믿음은 감정에서 우러나오기 때문이다. 또 그것은 곧 감정을 순화시키는 작용을 하기 때문이다. 그러므로 신앙을 깊이 하는 사람은 감정이 평화롭고 아름다워진다. 세상에는 많은 고통이 있지만 그 고통을 이겨내는 힘이 곧 감정에서 오기 때문이다. 모든 고락(苦樂)은 감정에서 좌우된다. 감정이 정화되면 고통을 받더라도 상관없다. 성질이 난다고 하는 것은 곧 감정이 움직이고 움직이지 않는데 달려 있다. 어떠한 경지라도 동요 없는 믿음이 형성되면 욕도 음악소리로 들리게 된다. 그러므로 감정은 신앙을 통하여 아름다워지는 것이다.

다음 법보(法寶)는 "왜 믿어야 하느냐?" 하는 그 철학적 이론적 근거를 말해 놓은 것이 인생을 진리대로 살아야 하기 때문에 법을 알아야 하는 것이며 그 법은 깨달은 부처님을 믿고 존경하는 것이다. 법에는 하나에서 열로 퍼져나가는 연역적(演繹的) 연기법(緣起法)이 있고, 열에서 하나로 귀결시키는 귀납적(歸納的) 실상법(實相法)이 있다.

그러나 이것은 모두가 보고 듣고 깨닫고 아는 견·문·각·지(見聞覺知)를 통하여 해오(解悟)하는 것이다. 잘못된 어리석은 마음을 깨우쳐 나가는 것이 법보이기 때문이다. 그래서 법보는 종교를 철학적, 지적, 심리적 사상으로 전개하여 개발된 지혜로써 진리를 이해하여 나아가는 역할을 하는 것이다.

가령 어떤 사람이 계를 하다가 돈을 떼어 먹었다고 하자. 계주는 그 떼어 먹은 돈을 해주느라고 안간힘을 썼다. 돈 주고 고생하고, 또 자기를 배신한 것을 생각하면 속에서 불이 난다.

"고년, 고것이 내 돈을 떼어 먹어, 좋게 죽지 못할 것이다. 벼락불이 나서 떨어져라."

하고 갖가지 원망과 욕설로써 한바탕 올려대다가 나중에는,

"아이구 머리야. 아이구 가슴이야."

하고 가슴을 친다. 자, 그렇다고 해서 돈 떼어 먹은 여자가 와서,

"계주님 안 됐습니다. 용서하십시오."

하고 비느냐 하면 그렇지도 않다.

"너, 이년 나에게 대하여 이런 욕을 했지, 두고 보자. 고생 좀 해야 돼. 그까짓 돈을 가지고 대중 앞에서 나를 욕을 해." 하고 도리어 화를 낸다. 그러니 이 같은 경우에는 죽도록 화를 내고 통곡을 하여도 소용이 없는 일이다. 돈이 나오는 것도 아니고 원성이 풀리는 것도 아니고 오히려 병만 더한다. 그러기 때문에 지혜 있는 사람은 애초부터 계라는 것을 하지도 않지만, 해서 떼었다 할지라도

"에라, 한 생각 돌려 먹자. 전생에 그년한테 졌던 빚 내가 갚은 거지 뭐."

하고 한 생각 돌리면 생각 자체가 평온하여진다. 해도 안 해도 소용없는 생각들로 가슴을 찧고 통을 파는 그러한 어리석음을 지혜로서 돌려 진리에로 나아가는 것, 이것이 법보다.

다음 승보(僧寶)는 부처님과 법을 통하여 순간순간 자기의 모든 것을 반성하여 보고 윤리적인 측면에서 불도를 실천하여 나가는 것이다. 말하자면 나와 남, 부모, 부부, 자식, 형제, 국가, 사회에 있어 올바른 관계를 지켜나가는 것이다.

그러면 올바른 관계란 무엇인가?

곧 자기의 인과를 지키는 것이다. 사람이 사람의 길을 걸어야지. 찻길이나 말길을 걸어가다가는 사고가 나서 죽게 된다. 그런데 이것을 지키고 지키지 않는 것은 자기의지에 달려 있다. 그런데 그 의지를 선적(善的)인 면에서, 계율적(戒律的)인 면에서 실천하여 간다 할지라도 오직 나만을 위해서 착한 계

율을 지키면 다른 사람을 악한 길에 빠뜨리게 되고 세상을 악하게 만드는 수가 있는데 반대로 남을 위해서 착한 마음을 갖는다면 이것은 그 뜻이 훨씬 대승적인 면으로 발전하여 돌아간다. 그러므로 여기서도 대승적 승가생활과 소승적 승가생활의 차이가 나는 것이다.

부처님 당시에 이런 일이 있었다.
한 여인이 남자 생각이 나서 깊은 골짜기에서 공부하는 한 비구를 찾아갔다. 마침 비구스님은 같이 있던 도반이 다른 일 때문에 나가고 없는 틈이라 그 여인과 인연을 맺었다. 그런데 인연을 맺고 나서 생각하니
"만일 남들이 나의 이 부정한 것을 알면 어찌 할꼬?"
하는 생각에서 겁이 덜컥 났다. 그 뿐이 아니었다.
"저 여자가 나를 연인이라 부르고 자주 와서 나를 괴롭히게 된다면 나의 존재는 새발에 피도 되지 않는다."
까지 생각하게 되었다. 그래서 그는 자기 장래의 존경과 신의 때문에 그 여자를 원망하여 죽여 버렸다.
그런데 조금 있으니 또 그의 친구가 왔다. 죽여 놓은 여인을 보고 나무랬다.
"네가 공부한다고 하는 사람이 찾아 온 여자나 능욕하고 살인까지 하였으니 가만두지 않겠다."
"가만두지 않으면 어찌할 것인가?"
"관가에 고발하여 그만한 과보를 받고 뉘우치도록 해야지."
하니 말이 끝나기도 전에 번개처럼 달려들어 그의 목을 조였다. 순간 친구도 죽고 말았다.
어찌할 것인가, 자기의 명예와 위신을 위하여 이처럼 살인

을 하였으니 두 번 죽어 마땅한 사람이다.

그런데 반대로 그는 이를 피하기 위해서 노중 걸인이 되어 세상을 숨어 유행하였는데 어떤 곳에 가니 옛날 자기와 잘 아는 한 남자가 술집에서 여자 심부름을 하고 있었다.

"어찌된 일이오. 알 떨어지려고."

"알이 떨어지면 여자노릇 하지 그만."

하고 피식 웃었다. 남이야 뭐라고 하든 말든 한 집안에서 두 여인을 거느리고 살 만한 복을 지은 사람이라면 도둑질해서 사는 것이 아니고 떳떳하게 서로 사랑하고 살아야 할 것 아니냐는 것이었다.

생각하니 기가 막혔다. 자기는 위신 때문에 살인을 두 번씩이나 하고 거지 신세가 되어 돌아다니는데 이는 사랑 때문에 노예가 되어 사는데도 아무런 부담을 갖지 아니하였다. 그는 거기서 위선적 계행이나 선행이 얼마나 무서운 것인가를 크게 깨닫고 훌륭한 사람이 되었다.

나를 위해서 선행을 하고 계를 지키고 의지를 굳히는 것은 소승이요 남을 위해서 선행을 하고 계를 지키는 것은 대승행이다. 남을 위하는 것이 곧 자기를 위하는 것이니 나와 남이 둘이 아닌 까닭이다.

착한 세상, 절대적 착한 세상을 형성하려면 대승적인 승보 사상이 이 세상에 가득 차야 한다.

금생에 못 하면 내생도 좋고 내생에 못하면 내내생도 좋은 것인데, 사람들은 너무 급하게 자기 중심적으로만 모든 것을 생각하는 데서 문제가 생기는 것 같다.

그러므로 불보는 정적 신앙을 통하여 심미적(審美的) 선정(禪定)으로 이고득락(離苦得樂)의 표본이 되는 것이고, 법보는

지적인 철학을 통해서 진리적 지혜를 개발함으로써 전미개오(轉迷開悟)의 이해를 실천하는 것이며, 승보는 의지적 윤리운동으로 대승적 선행과 계율로써 지악수선(止惡修善)하는 것이다.

만일 이렇게 하여 3보의 신행과 철학과 윤리가 일체를 이루고 계・정・혜 3학이 솥의 세 발과 같이 형성되어 지・정・의 3방면에서 진・선・미를 완성, 고락(苦樂), 선악(善惡)의 경계를 벗어난다면 이것을 성인(聖人, holiness moksha liberation)이라 부른다.

그런데 우리들이 일반적으로 이해하고 있는 3보는 여러 가지 측면에서 이해를 달리 할 수도 있다.

예컨대 일반 사람들이 생각하고 있는 가장 보편적인 3보, 즉 3세, 10방의 등상불과 3장(藏) 12부(部)의 법보와 비구, 비구니의 스님들을 3보라 하는데 그것을 전문용어로 말하면 현존삼보(現存三寶)라 한다.

그러니까 우리들이 일반적으로 이해하고 있는 3보는 여러 가지 측면에서 이해를 달리할 수도 있다.

예컨대 그 모든 부처님과 법보 가운데서도 석가부처님과 그가 설한 8만대장경 법보, 그리고 그의 제자인 4부 대중만을 총칭할 때는 실존삼보(實存三寶)라 부른다. 왜냐하면 그들은 이 세상에 실재적으로 존재하고 있기 때문이다.

그러나 그 모든 삼보들이 어디서 나왔느냐 하면 결국 모든 사람들의 깨끗한 마음을 불보(心淸淨曰佛), 마음의 밝은 빛을 법보(心光明曰法), 마음에 걸림 없는 것을 승보(心無碍曰僧)라 한다. 이것을 일체삼보(一切三寶)라 부른다.

소승불교인들은 주로 실존삼보를 신앙의 표본으로 하고 대승불교인들은 그 실존에 현존삼보를 보태서 신앙의 표본을 삼고 있지만 선불교에서는 일체삼보를 신행의 표본으로 삼고 있기 때문에 외형상의 3보 보다는 내용상의 3보를 더욱 깊이 신행하고 있는 것이다.

소승불교사상(小乘佛敎思想)

그러면 소승불교의 내용은 어떠한가. 소승불교는 모든 것이 자아(自我)가 중심이므로 내가 영원한가 내가 깨끗한가 내가 절대적인가 하는 것부터 철저하게 관찰한다.

그래서 소승불교에서는 3가지 관찰법이 크게 유행하였으니, 첫째는 무상관(無常觀)이요 둘째는 부정관(不淨觀)이요 셋째는 무아관(無我觀)이다.

무상관이란 세상은 변해가므로 허무하다고 생각하는 것이고, 부정관은 이 몸은 욕심덩어리로 깨끗하지 못하다는 것이며, 무아관은 이 몸과 마음은 모두 인연을 따라 성, 주, 괴, 공(成, 住, 塊, 空)하고, 생, 주, 이, 멸(生, 住, 異, 滅)하여 인과윤회(因果輪廻)하므로 나라고 할 것이 없다고 말한다.

그런데 무상관을 해 나가는데 있어서도 무상의 원인이 변이(變異)에 있기 때문에 변이 때문에 희락(喜樂)을 얻는 경우도 있지마는 변이 때문에 고통을 초래하는 수가 많다. 세상살이는 희락이 한 푼이면 고통이 열 푼이나 된다. 그래도 그 한 푼에 속아 사는 경우가 적지 않다. 한 푼에 비하면 열 푼이 훨씬 더 무게가 중하므로 불교에서는, 아니 특히 소승불교에서는 인생 그 자체를 고통 덩어리로 보고 있는 것이다.

무엇이 고통인가. 육체적으로는 태어나고, 늙고 병들고 죽는 것(生, 老, 病, 死)이 고통이고 정신적으로는 사랑이 헤어지고(愛別離苦), 원수가 한데 모여살고(怨憎會苦), 지속적으로 무엇인가를 구하고(求不得苦), 이 몸이 치성하기 때문에 고통(五陰盛苦)이 있다고 보는 것이다.

나는 것이 왜 고통인가? 생 그 자체가 두렵고 외로울 뿐 아니라 태어나는 것 자체가 큰 모험이기 때문이다. 어머니를 고통스럽게 하고 나도 또한 고통스러우며, 기르는 사람들에게 고통을 주고 또 경쟁 속에서 살아가야 하므로 고통이다.

그렇지마는 세상 사람들은 자식이 곧 자기의 제2 생명이며 분신이라고 생각하고 그것을 기름으로써, 그것을 성공시킴으로써 자기의 육체적 정신적 유전인자가 불멸하게 된다고 생각하고 또 내가 애써 기르는 것처럼 늙어 힘이 없을 때 나를 지켜주는 울타리가 되고 의지적 지팡이가 된다고 생각하기 때문에 의식주는 물론이거니와 교육비, 용돈 등에 그처럼 찌든 고통을 겪으면서도 그것을 고통으로 생각하지 않는다. 그런 면에서 보면 우리 한국 사람들처럼 자식에 대한 애착이 대승적으로 승화된 나라도 드문 것 같다.

여기에도 많은 유학생들이 와 있지만 어쩌면 조국의 부모들의 이 같은 기대 때문에 공부도 더 열심히 하고 삶도 더 철저히 하지만 그 기대 때문에 부담된 고통을 겪고 있는지도 모른다. 하여간 삶 그 자체는 환희적인 점도 있지만 고통적인 점이 많다. 먹어야 하고, 입어야 하고, 자야 한다. 말은 쉽지만 그것이 그리 쉽던가. 미국에 와서 열심히 일을 하던 사람들이 이 흔한 나라에 와서 먹지도 못하고 입지도 못하고 자

지도 못하여 2, 3년이 되면 누렇게 떠서 황달이 든다. 그때서야 병원에 누워,

"이게 도대체 무엇인가?"

하고 한탄하는 경우가 있다. 다 이것이 삶의 고통이고 슬픔이다.

늙는 것이 왜 고통인가. 우선 늙으면 힘이 없어진다. 힘이 없어지면 업신여김을 당한다. 그래서 늙은 사람들이 젊은 사람들과 같이 일을 하다가 잘 되지 않으면 젊은 사람들이 웃는다. 웃으면 늙은이는 화를 낸다.

"어! 내가 늙었다고"

늙기도 서러운데 업신여김까지 받아야 하는 식이다. 그러나 하려고 해도 되지 않는 것을 어찌 할 것인가.

힘도 힘이지만 모양은 또한 어찌 그리 보기 싫게 늙어 가는지, 눈은 찌그러지고, 코는 뾰죽하고, 입술은 희무득득, 귀는 어두워지고 이마엔 주름살이 기러기처럼 날아간다. 지팡이를 짚고 걸어가는 모습 3척동자도 흉내를 낸다. 만년청춘을 그리던 인생이 이처럼 늙어 서리와 같은 머리를 휘날리며 다 빠진 이로 우물우물 먹는 것도 우습고 웃는 것도 우스우니 슬프고 짜증난다. 그래서 늙음은 고통이다.

늙기만 하면 괜찮은데 왜 그리 아픈 곳은 많은지. 다리가 아프고 허리가 아프고 소·대변이 잘 나오지 않고 소화가 잘 되지 않고 숨까지 차서 걸음은 고사하고 눕기도 불편하니 이것이 병고다. 물론 병고야 늙어서만 오는 것은 아니다. 멀쩡한 아이가 오늘 병신이 되고 피둥피둥한 청년이 내일 수술을 받아 들어 눕는다. 급성전염병, 호흡기병, 순환기병, 소화기병, 비뇨기과병, 생식기병, 성병, 신경병, 피부병, 입병, 코병, 귀병,

눈병, 목구멍병—웬 병이 그렇게도 많은지 병원에 가면 모두가 환자다.

　약을 먹고 수술하고 침 맞고 뜸질하여 나 혼자만 환자인 줄 알았더니 장의사(葬儀社)에 가보니 죽은 사람도 많았다. 냄새나는 몸뚱이를 일곱 매로 묶고 통나무를 켜서 판대기를 만들고 관을 짜 집어넣을 땐 우리 어머니 우리 아버지, 우리 누나, 동생 하고 통곡한다. 오직 하나밖에 죽은 사람이 없는 줄 알았는데 화장터에 가서 보니 진짜 우는 사람도 많았다. 하얀 뼈는 산봉우리처럼 쌓이고 사발봉우리 묘는 인생무상을 실감나게 하고 있다. 늙지 않는 약, 병들지 않는 약, 죽지 않는 약, 아프지 않는 약, 약도 많고 술(術)도 많건만 이 세상 죽지 않고 천년만년 사는 사람은 눈을 씻고 보아도 찾아 볼 수 없다. 기껏해야 백 칠십 살, 말만 들어도 "와!" 하고 부러움을 느끼지만 그 할배 텔레비전 앞에 나오니 늙은 원숭이는 차라리 그 모습이 났다. 콧물 눈물이 때 없이 흘러내리고 아래턱이 웃턱을 칠 때마다 아이들은 웃어댄다.

　이 설움 이 고통을 여의기 위해서 부처님은 출가하신 것이다. 그러면 부처님은 죽지 않았는가. 부처님도 돌아가셨다. 그러나 부처님은 이 몸은 늙고 병들고 죽는 고통이 있는 것도 알았으나 이 모습을 끌고 다니는 이 마음은 늙고 병들고 죽지 않는 도리를 깨달았다. 그러므로 그는 무상 가운데서 영생을 얻은 것이다.

　생·노·병·사 이 네 가지 고통은 천하장사 어느 누구도 이겨내는 이가 없다. 그래서 이것을 근본 4고라 한다.

　다음 정신적인 네 가지 고통이란, 사랑이 이별하는 고통이요 원수가 한데 모이게 되는 고통이다. 좋아하는 사람이 좋게 살지 못하고 떨어져 살아야 하는 것도 고통이다. 아마 경험하지 않은 사람은 모를 것이다. 여기 모두 앉아 계시는 여러분은 이 고통을 가장 뼈아프게 경험하신 분들일 것이다. 사랑이란 꼭 남녀 관계만이 하는 것이 아니다. 좋아하는 강산, 부모, 형제, 일가, 친척 그리고 벗님네들, 그리운 학교, 동창─모두 모두가 사랑이다. 그 사랑을 다 버리고 코 크고 키 큰 나라 사람들 밑에서 갖은 서러움 받아가며 살아 갈 때 우리는 더욱더욱 그 사랑의 따뜻함을 그리워한다.

몬트리올에서 이런 일이 있었다. 사랑하는 애인을 두고 온 유학생이 눈물로 이별하고 미국에 들어와 주일이 멀다하고 편지를 썼다.

"부지런히 공부하여 학위를 따고 교수가 되어 집을 사서 당신을 데려 오겠다."고.

피차는 희망에 찬 부푼 가슴을 안고 나날의 생활을 지속하였다. 그러는 사이에 남편은 대학, 대학원을 나와 대학교수가 되었는데 공교롭게도 같은 학교 선생 가운데 돈이 많은 사람이 있어 정이 들었다. 주일마다 편지를 하면서도 이 여자와 함께 아파트 생활을 하게 되었다. 그럭저럭 1, 2년이 지나는 사이에 정이 깊이 들었다. 이 여자하고도 헤어지기 어려운 처지였다.

고국의 애인은 들 뜬 마음으로 남자의 초청장만 기다리고 있었는데 마침 그 때 정부에서 추진하는 취업 이민 케이스가 있어 어떤 사람이 와서 말하였다.

"애타게 기다릴 것이 아니라 직접 가라."

"그래. 내가 그이 몰래 수속을 하여 가만가만히 가서 그이를 진짜 한번 놀라게 해 줄까?"

하고 그는 곧 수속을 밟았다. 모든 여건이 잘 들어맞아 제일착으로 떠나게 되었다. 그는 비행기 안에서도 그이를 생각하면서 가슴을 조였고 희망에 벅차 있었다.

목적지에 도달하니 아침 6시였다. 운전수의 안내를 받아 아파트를 찾아갔으나 문이 잘 열리지 않았다.

"문 열어주세요."

큰 소리를 몇 번씩 하여 겨우 문을 열고 보니 이게 무슨 꼴인가. 이불 속에는 전라(全裸)의 새색시가 드러누워 있지 않는가! 두 눈이 뒤집혔다. 그는 불현듯 식칼을 들고 덤볐다. 남편과 애인은 무릎을 꿇고 백배 사죄하였으나 결국 그 원한은 풀어질 수 없었다. 이것이 원증회고(怨憎會苦)다. 원수가 한데 모여야 하는 고통, 어쩌면 이 세상은 좋아하는 사람보다 미워하는 사람이 더 많은지도 모른다. 그런데도 꼭 원수는 외나무다리에서 만난다.

구부득고(求不得苦)란 구해도 잘 되지 않는 고통이다. 교회나 절에 와서 기도하는 사람을 보면 감사기도하는 사람보다는 구하는 마음으로 기도하는 사람들이 훨씬 많다. 명예를 구하고, 돈을 구하고 자식을 구하고 애인을 구하고 집을 구하고 직장을 구하는 사람 — 그런데 이것이 잘 되지 않는다.

지난번 선거 때 어떤 한량이 출마하여 돈이 없으니 사돈네 8촌까지 다니면서 딸라돈을 얻어 뿌렸다. 그런데 공교롭게도 그 결과는 딱 5표 차이로 떨어졌다. 환장할 일이다. 되지 못한 것도 억울한데 죽일 놈 살릴 놈 하면서 돈 내놓으라고 아우성치니 옆에 있는 사람들이 더욱 보기 힘들었다. 약을 먹자니 돈이 들고 칼로 죽자니 피가 나겠고 에라 모르겠다 하고 8

층 아파트에서 떨어져 그대로 돈 한 푼 들이지 않고 낙사(落死)하였다. 시험에 떨어진 사람, 경기에 패배한 사람, 사업에 실패한 사람들의 마음이 어찌 이보다 더 못할 것 있겠는가. 죽지 못하여 사는 것이다.

마지막 오음성고(五陰盛苦)는 육체와 정신이 한꺼번에 치솟는 고통이다. 5음은 색·수·상·행·식이다.

색은 지·수·화·풍이니 뼈대는 뼈대대로, 살결은 살결대로, 호흡은 호흡대로, 맥박은 맥박대로 제 좋은 대로만 필요한 것을 요청한다. 그런데 거기 조화를 이루지 못하면 키만 훨씬 커서 작대기 인생이 되고 살만 퉁퉁이 쪄서 깍지통 인생이 된다. 코는 벌렁 나가자빠지고 배는 동이만큼씩한 것을 달고 다니는 사람을 보면 답답하기 짝이 없다. 눈은 눈대로 좋은 건만 보려 하고, 귀는 귀대로 좋은 소리만 들으려 하고, 코는 좋은 냄새만 맡으려 하고, 몸은 몸대로 좋은 것만 붙이려 하고, 뜻은 뜻대로 칭찬만 받으려 한다. 그러나 그것은 잘 그렇게 되지 않으니 구부득고다.

육신만 그런 게 아니다. 수·상·행·식(受·想·行·識)도 마찬가지다. 받아들이는 것에 스트레스를 일으키면 신경질이 생기고, 상상작용이 혼돈이 오면 감정마저 무뎌지고, 의지작용에 장애가 오면 주관심이 결여된다. 만일 거기 분별작용까지 잘못된다면 인생은 거기서 미치고 만다. 미친 사람이 별사람인가 치성하는 오음을 조정 못하면 그렇게 되는 것이지.

그래서 인생은 8고 속에서 신음한다. 모기가 작은 그릇 속에 들어가 "왕왕" 탈출구를 찾듯 모든 인생은 이 고통의 연옥(煉獄)에서 헤어나기를 바라고 있다. 그런데 그것이 잘 되지 않는다. 잘 되지 않는 이유는 무상을 모르기 때문이다.

아침에 흘러간 한강물과 저녁에 흘러가는 한강물이 서로 다르듯이 몸도 아침 몸과 저녁 몸이 달라 끊임없이 변질되고 있는데 그 변질되어가는 몸과 사회환경의 작용 없이 고정된 자기를 고정하고 있다면 인생은 그 속에서 썩어버리고 마는 것이다.

인생은 계속 ing다. 아니 인명뿐이 아니라 우주 전체가 그렇다. 진행하는 인생에 진행되어지는 우주를 잘 콘트롤할 줄 아는 사람, 이 사람이 무상을 초월해 가는 사람이다. 무상 속에서 영원을 관하는 사람, 고통 속에서 고통을 초월해 가는 사람이 산 불교를 하는 사람이다.

다음 부정관은 육체 그 자체를 부정으로 보는 경우도 있고 마음의 욕망을 부정으로 보는 경우도 있다.

인생 그 자체를 부정으로 보는 것은 살 속에 피가 흐르고 피 속에 똥오줌이 있고 그 속에 또 하얀 뼈대가 괴이고 있는데 매일 아홉 개의 구멍으로 쏟아내는 부정물을 생각하면 결코 그것을 깨끗하다고만 평가할 수는 없는 것이다. 사람들은 예쁘다고 거기다가 분칠하고 크림을 바르고 연지 찍고 곤지 찍고 또 비단옷으로 감고 흔들고 다니지만 결국 그 속 내용물을 자세히 놓고 보면 한 부대 똥자루·피·고름을 휘어 감고 있는 것에 불과한 것이다.

살아서 뿐 아니라 죽은 뒤에도 이 몸은 참으로 더러워 이것이 썩는 자리에는 개짐승도 가기를 꺼려한다. 그래서 소승경에는 자기부정을 다음 아홉 가지로 관찰하고 있다.

① 몸뚱이가 팅팅 불어 오르는 모습
② 바람과 햇빛에 쏘이어 검푸른 모습으로 변한 것

③ 불어서 문드러지는 것

④ 풀어져서 피고름이 낭자한 것

⑤ 썩어 허물어지는 것

⑥ 새·짐승·벌레들이 와서 뜯어 먹는 것

⑦ 뼈와 살과 머리와 손 등이 부서져 흩어지는 것

⑧ 백골만 훤히 들어나는 것

⑨ 시체를 화장하고 나면 한 줌의 재가 되어 날려버리는 모습

또 자기 자신뿐 아니라 일체 모든 것은

① 종자부터가 부정한 것이다. 왜냐하면 전생의 업에 매여 부정모혈(父精母血)로 결합된 몸이기 때문에

② 태초에 거처하고 있는 어머니 배속 자체도 사실은 피고름이 흐르고 똥 오줌이 흐르는 곳이니 주처가 부정하다

③ 태어나서는 아홉 개의 구멍에서 늘 구정물이 흐르니 부정하고,

④ 몸속에는 머리칼·손톱·발톱·치아·눈꼽 등 36종의 부정물이 흐르므로 부정하고,

⑤ 마침내는 죽어 썩어 없어지므로 부정하다.

이렇게 관찰하였다.

그런데 이것을 애지중지 씻고 바르고 닦고 털고 해서 그래도 이 정도라도 청결하게 유지하고 있지. 그렇지 않다면 개·돼지나 사람이나 조금도 다를 게 없을 것이다.

마음의 부정이란 마음 그 자체는 부정이 없는 것인데 마음속으로 부정한 생각을 일으키는 것을 말한다. 지나치게 재물을 탐한다든지 명예를 욕(慾)한다든지 색을 즐긴다든지 먹는 것을 탐하고 잠을 즐기면

"더럽게 좋아한다."
"추잡한 인생이다."
라고 평가한다. 재물과 색·명예·식·수면은 인간에게 있어서 마땅히 없어서는 아니될 생명의 조건이다. 그러나 그것이 분수를 넘으면 더러워진다.

사실 생각하면 모든 사람들이 잘 먹고 잘 살려고 몸부림치고 있는 것이다. 그래서 돈을 보면 환장하고 나도 그렇게 되어 백만장자가 되어야겠다고 희망한다.

예일대학교에서 원자력을 공부한 교수가 한국에 나가서 원자력연구소에서 일을 보게 되었는데 한참 일을 하다가 보니 자기의 생활이 원자 기계의 부속품에 불과함을 깨닫게 되었다. 새삼스럽게 놀라 그는 다시 정신과학을 연구하여 현재에는 로스엔젤레스에서 정신과 의사로 유명한 맨톨 박사가 되었다.

그런데 그의 아버지는 18세에 결혼하여 아들 하나를 낳고는 다시는 아이를 못 낳게 하였다. 왜냐하면 자식을 많이 낳으면 돈을 모을 수 없기 때문이다. 그는 직장에서 월급을 타오면 꼭 정한 돈만을 부인과 아들에게 나누어 주고는 나머지 돈을 꼬깃꼬깃 다져서 농 속에 넣어 놓았다. 그리고 그것을 하루에 꼭 한 번씩 헤아려 보았다. 그에게는 그것이 유일한 낙이었다. 어느 곳에 가서 차 한 잔 마시는 것도 없고 외식 한 번 하는 법도 없다. 하도 답답하니 마누라가 말하였다.

"내 당신하고 살다가는 외식 한 때 해 보지 못하고 슬퍼서 못 살겠소."
"그렇다면 이혼해야지."
그래서 이 노인들은 60이 넘어서 생이별을 하였다. 그의 부인도 월페이라는 것이 나와 한 달이면 4·5백불씩 월급을 타기 때문이다. 그러나 이 무슨 꼴인가? 아들이 보다 못하여 아버지께 물었다.

"아버지, 아버지께서는 매일처럼 돈을 세는 재미로 사시는데 돌아가신 뒤에는 어떻게 하시렵니까?"

"죽은 뒤에야 내가 알 바 아니다. 나는 이 재미로 산다. 자식도 마누라도 소용없다."

하고 퉁명스럽게 대답하였다. 그런데 그 뒤 얼마 안 있다가 아버지께서 세상을 뜨셨다. 금고를 열어 보니 수십만 달러가 들어 있는데 돈의 머리 하나 틀리지 않게 정확하게 은행처럼 쌓아 놓았었다.

모으는 재미도 좋지만 이렇게 모아 뭘 한다는 말인가. 돈은 인생을 살찌게 하는 도구이다. 비계가 너무 많이 생겨도 못쓰고 너무 말라도 못쓰지만 멋있게 벌어 멋있게 쓰고 가야 돈 번 재미가 있는 것이다. 더러운 부자가 되어서는 안 된다.

색욕도 마찬가지다. 이 세상 모든 것은 음양의 법칙에 의해 나서 그 법칙대로 산다. 하지만 거기에 얽매이고 싶지 않은 분들은 홀로 떨어져 살기도 한다. 그런데 그것도 지나치게 탐하는 사람이 있다. 내가 프로비덴스에 있을 때 한 여인이 찾아왔다. 롱아일랜드주립대학교 학생이었다. 보이 프렌드를 사귀고 있는데 이번이 77번째라고 하였다. 백 번째가 되는 남자와 결혼하려 하는데 어떻겠느냐는 것이었다.

미국에서는 누구나 결혼 전에 프렌드를 갖게 된다. 한국처럼 그저 사귀는 것이 아니라 조건 없이 피를 섞으며 남녀 생활을 하는 것이다. 그런데 그것이 자그마치 77번째라 생각하면 기가 막혔다. 그러나 그것은 내가 판단할 문제가 아니라 판단하도록 맡겼다. 다만 그 판단의 기준을 하나 일러 주었다. 화엄경에 보면 53선지식이 나오는데 그 36째 바수밀녀란 음녀가 나온다. 요즈음 말로 하면 창녀다.

어떻게 몸이 단정하게 생기고 풍만하던지 누구나 남자들이 보기만 하면 홀딱 반하였다. 그런데 이상스럽게도 그에게서 하룻저녁 잠만 자고 나면 다시는 여자 생각을 하지 않을 정도로 묘한 기술을 가지고 있었다. 단지 그는 그의 자신의 환락을 위해서가 아니라 자기와 같은 사람이 필요한 사람에게 몸을 제공할 뿐이었다. 그러기 때문에 선지식이요 보살이다.

그래서 나는 그 이야기를 해주고,

"그대는 누구를 위해서 성을 즐기는가?"

고 물었더니, 이쪽과 저쪽의 뜻이 반반이라 하였다.

"아직도 반 인생을 더 살아야 할 사람이니 알아서 하라."

하였더니 그는 77번째에서 그치고 결국 결혼하였다. 색은 도반이다. 의지다. 정신적 의지요 물질적 의지다. 서로 먼 길을 걸어가면서 탁마하는 도반으로서 의지한다면 모르지만 그것이 지나치게 영리화되면 더러워진다. 이 사람 저 사람에게 몸을 함부로 내놓는 사람을 "더러운 사람"이라 하는 이유가 거기 있다. 가장 성스러우면서도 가장 천해질 수 있는 것이 색이므로 주의해야 한다.

다음 명예도 마찬가지다. 명예는 동물적인 것보다는 훨씬 이성적이다. 그러나 그 명예를 얻기 위해서 돈도 버리고 여자까지도 제공하는 사람이 있으니 더러운 가운데서도 더러운 것이다. 그것이 그렇게 귀하다고 해서 무엇이나 다 좋아하느냐 하면 그렇지도 않다. 한 조각 음식은 종이에 싸버리면 개가 먹지만 이것은 금쪽처럼 상패를 만들어 놓아도 개도 덤비

소승불교사상(小乘佛敎思想) **47**

지 않는 것이다. 벼슬 한 번 하기 위해서 갖은 고생을 하는 것을 보면 개미들도 웃을 일이다. 그러나 사람들은 그것에 미쳐 있다. 선거 때만 되면 그의 치부가 잘도 드러난다. 그의 명예를 자랑하고 다니느라 집안을 제대로 살피지 못한 바람에 부족한 마나님들이 제비족들에게 유혹되어 몸 주고 차 주고 집까지 주었다가 들통나서 한 집안의 명예가 한꺼번에 묵사발이 된 경우도 있다.

어느 장관 부인이 걸려들었다. 일만 보고 나면 먹이고 먹여 살렸다. 하루는 이 제비족이 그에게 받은 고급 승용차를 굴리고 가다가 걸렸다.

"어떻게 얻은 거냐?"

'주지 않으면 네 남편에게 말하리라.' 하니, 그 명예와 위신 때문에 집까지 사서 바치더라는 것이다.

웃지 못할 에피소드이다.

먹는 것 또한 절대적 요소인데도 더럽게 먹는 사람이 있다. 음식점에 가면 제 앞 것은 가만히 놓아두고 남의 것만 먼저 먹는 사람, 동네 방네 사돈네 8촌의 생일, 제사·잔치날 명단을 주욱 기록하여 돌아가면서 판식을 하는 사람, 만날 먹고도 부족해서 오늘은 중국집, 내일은 일식, 모레는 아메리카식으로 목구멍을 걸근거리며 돌아다니는 사람… 이런 사람을 아귀라 한다.

세상에서는 5욕 가운데 자식욕을 들지만 불교에서는 수면욕을 든다. 6시간 내지 8시간 자면 충분한 것인데, 8시간을 자고도 죽비만 치면 조는 사람이 있다. 이것도 하나의 업이다. 광겁장도(曠劫障道)에 수마막대(睡魔莫大)인데 어느 때 일하고 어느 때 공부할 것인가. 잠은 잘수록 더 잠이 많이 오게 된다.

하루에 한 시간씩만 줄여서 염불·참선하면 자각 공부가 충분하련만 늦게야 일어나서 직장 가기도 바빠하니 걱정도 태산이다.

부처님 당시에 정명거사(淨名居士)는 이 재물·색·명예·식·수면에 있어서 자신의 몸가짐을 깨끗이 하여 부정함이 없었기에 이름이 정명이다.

어떤 스님은 어찌나 잠이 많던지 앉기만 하면 졸게 되므로 서서 걸어 다니면서 공부를 하는데 하루는 걸어가다가 졸음이 너무 많이 와서 이마를 큰 기둥나무에 부딪쳐 이마를 깨고 말았다. 너무나도 창피스러워 그 때부터서는 등허리에다가 맷돌을 짊어지고 앞으로 넘어지지 않게 하고 걸어 다니다가 도를 깨쳤으므로 맷돌도인이라 부르기도 하였다.

지금까지 설명한 무상·무아관은 세상을 허무하게 보고 염세심을 일으키며, 이 몸을 더럽게 보아 천대하기 위하여 만들어진 교안이 아니고 이 몸에 애착하고 이 마음에 애착하여 바른 지견(理)을 얻지 못하는 사람들로 하여금 정견을 일으키게 하기 위해서 설명된 논리이다.

그러므로 우리는 이 논리 전체에 옳고 그름을 시비할 것이 아니라 이 논리에 좌우되고 있는 내 마음에 분별심과 거기에 얽매였던 애착심을 털어버리고 이제 인생을 있는 그대로의 상태에서 보아 나고 늙고 병들고 죽고, 이별하고, 미워하고, 구하고 성내는 모든 것에 속지 말고 또 재·색·명예·음식·수면에도 구속 당하지 않고 자유롭게 살 수 있는 대자유인이 되어야 할 것이다.

끝으로 무아관도 마찬가지이다. 자기 도리를 잘 모르고 자기의 모든 것을 신(神)이나 귀(鬼)에게 맡기어 망상을 피우는 모든 사람들에게 자아를 발견하도록 하는 관이다.

세상 사람들은 모든 것을 분별할 때 "나" "내 것"으로부터 시작한다. 그러나 불교에서는 그 나라고 하는 것이 찾을래야 찾아 볼 수 없기 때문에 무아(無我)라고 한 것이다.

지금 우리가 나라고 부르고 있는 나는 부모의 유산이기는 하지만 "아침의 나와 저녁의 나"를 엄밀히 따져보면 백퍼센트 달라져 있다. 일초 동안 10조억개의 세포가 9백번 이상의 생멸을 하여 겉으로 보기에 그 겉모습은 변하지 않는 것 같이 보이지만 완전 신진대사(新陳代謝)하고 있다. 한 모금의 물이 뱃속에 들어가면 30초 이내에 전신에 돌아간다. 이렇게 변화무쌍한 나를 놓고 어떻게 '나'라는 이름을 붙이느냐는 말이다.

그것뿐만이 아니다. 시간적으로 인생은 나를 잡을 수 있지만 공간적으로도 나를 잡을 수 없다. 이 몸은 뼈와 살·맥박·호흡에 의하여 운동되고 감수작용·상상작용·의지작용·분별작용에 의하여 인식되며 한 마음의 체상과 작용으로 운전되고 있다. 고체와 액체·기체를 각기 흩어 놓으면 인간의 육체는 존재할 수 없고 수·상·행·식을 떼어 놓아도 나의 정신은 찾을 수 없다. 만상은 요소의 집합에 의하여 이루어졌다(成), 잠시 동안 유지되다가(住) 파괴되면(壞) 공으로 돌아간다(空). 마찬가지로 그 만상을 유지 상속하는 정신 또한 낳다가(生) 머물렀다가(住) 변하여(異) 멸(滅)한다.

그런데 그것은 그저 그들 나름대로 모였다 흩어지는 것이 아니고 신의 조종이나 명령에 의해서 움직이는 것이 아니라, 그것을 움직일 만한 힘, 에너지가 원인이 되어 보조 에너지를 통하여 하나의 인과를 초래한다. 그러니까 소는 소가 될 만한 원인이 있고 개는 개가 될 만한 원인이 있으며 사람은 사람이 될 만한 원인이 있다. 사람 가운데서도 남자가 될 원인, 여자가 될 원인, 체육인이 될 만한 원인, 군인이 될 만한 원인, 나아가서는 학자가 될 만한 원인이 있다. 교육학에서는 이것을 일종의 소질(素質)이라 부르고 있지만 불교에서는 업력(業力)이라 부르고 있다.

그런데, 이러한 원인 종자가 아무리 튼튼하게 잘 길러져 있다 하더라도 보조적인 연을 얻지 못하면 결과를 초래할 수 없다. 말하자면 콩알이 있다 할지라도 밭과 토양과 공기인 연이 없으면 다음의 콩씨가 재배되지 않는 것과 같다.

그러므로 하나의 결과는 원인과 보조 원인이 결합하여 이루어진다. 그런데 불교에서는 그 보조인을 연(緣)이라 부르고 그 씨앗을 인(因)이라 부르기 때문에 인연(因緣)이라는 말을 잘 쓰고 있다. 또 그 결과는 종자에 의해서 결과를 초래한 것이므로 인과(因果)라 부르기도 한다.

원인(原因)+조연(助緣)=결과(結果)

그런데 이러한 공식이 한번만 시행되고 마는 게 아니라 무시무종(無始無終)한 시간을 통하여 끊임없이 반복된다. 그 반복되는 상황을 윤회(輪廻)라 표현한다. 애벌레가 나비가 되고 나비가 다시 애벌레가 되듯, 개미가 쳇바퀴 돌듯, 우물 바가지가 도르래를 따라 오르내리듯 지옥·아귀·축생·인·천·수라의 여섯 곳을 끊임없이 윤회하기 때문에 육도윤회(六道輪廻)라 하는 것이다.

그런데 그 결과에 있어서는 좋은 일을 하면 좋은 결과를 얻고 나쁜 일을 하면 나쁜 결과를 얻으므로 선인선과(善因善果)·악인악과(惡因惡果)라 하는 것이다.

따라서 소승불교에 있어서의 불교 공부는 이 고통 이 윤회를 영원히 벗어나서 무고안온(無苦安隱)한 열반피안(涅槃彼岸)에 이르러가는 것이고 그것을 최고의 극락이라고 생각하고 있다.

그래서 소승불교도들은 무상·부정·무아관을 통하여 세상의 영욕에 물들지 않고 이름과 재물과 색·식·수면들에 빠져 성·주·괴·공하고 생·주·이·멸하는 인생을 다시는 타락할 것 없는 무학성자(無學聖者)의 위(位)에서 정립한다고 생각하고 있다.

남이야 어떻게 되었든지 우선 나라도 그렇게 되면 나의 행복은 이루어질 수 있다고 생각하기 때문에 자리적(自利的)·자각적(自覺的) 수행에만 몰두하는 것이다. 그러면 오늘도 문제 하나를 내보겠다.

옛날 금강산에 장안사라는 절과 마하연이라는 절이 있었다. 마하연은 산봉우리에 있어 참선하는 장소였고 장안사는 밑에 있어서 경을 읽는 그런 곳이었다.

그런데 그 중간에 온천이 있어서 윗 절에서도 내려와 목욕을 하고 아랫 절 스님들도 오셔서 목욕을 하였다.

하루는 아랫 절 강사스님께서 목욕을 하고나서

"아유, 시원하다. 날아갈 것 같이 시원하구나."

하시므로 욕실주인 보살님이 듣고 있다가,

"스님 몸은 목욕을 하여 때를 벗겨 시원하시지만 마음의 때는 어떻게 벗겨야 시원하여집니까?"

하니 그만 대답이 없었다. 만일 그 때 여러분이 거기서 이 질문을 받았다면 어떻게 대답하겠는가?

죄무자성종심기(罪無自性從心起)
심약멸시죄역망(心若滅時罪亦亡)
죄망심멸양구공(罪亡心滅兩俱空)
시즉명위진참회(是則名爲眞懺悔)

라 하는 시가 있다.

이 말을 깊이 새겨보면 문제없이 그 답이 나오게 되어 있다. 여기 오렌지 주스가 컵 속에 담겨져 있다. 만일 컵이 깨졌다면 오렌지 주스는 어느 곳으로 가는가. 입을 열어도 이 주장자를 맞을 것이요 입을 다물어도 주장자를 맞으리라.

1. 소승불교의 기본교리(小乘佛敎 基本敎理)

(1) 연기(緣起)

"연기"란 불교우주창조설이다. 예수교에서는 하나님이 우주를 창조하셨다고 말하지만 불교에서는 인연이 우주를 창조한다고 말한다.

"제법종연생(諸法從緣生) 제법종연멸(諸法從緣滅)"

(모든 것은 인연 따라 났다가 모든 것은 인연 따라 멸한다)

부처님께서 어느날 길을 가시다가 길에가 떨어진 지푸라기를 보고 그것을 주워 보라고 하였다. 주워 보니 그것은 생선을 묶었던 지푸라기라 비린 냄새가 많이 났다. 난다가 버렸다.

"왜, 무슨 냄새가 나느냐?"

"예, 비린 냄새가 몹시 납니다."

"그래, 본래부터 거기 비린 냄새가 있었을까?"
"아닙니다. 생선을 묶었기 때문에 비린 냄새가 나는 것입니다."
또 얼마를 가다가 하얀 종이가 떨어져 있는 것을 보고, 말했다.
"너, 그것을 주워 보아라."
난다는 그것을 주워 주머니에 넣었다.
"무슨 냄새가 나느냐?"
"향 냄새가 납니다."
"본래부터 그 속에 향 냄새가 배어 있었을까?"
"아닙니다. 향을 쌌기 때문에 향냄새가 납니다."
"그렇다. 이 세상 모든 것은 인연을 짓기에 달려 있느니라."
난다는 크게 깨달았다. 난다가 크게 깨달았다 하는데 무엇을 크게 깨달은 것인가? 인연법이란 멀리 밖에서 오는 것이 아니라 가장 가까운 관계에서 온다는 것을 깨달은 것이다.
부부가 어떻게 부부되는가. 그 많은 사람들 다 제쳐 놓고, 중매장이의 연을 만나서 부부가 되는 사람도 있고 스스로 보고 마음에 들어 부부가 된 사람도 있을 것이다. 그러나 어떻게 만났든 서로 만나게 된 것은 인연이다. 이미 그 시간 그 장소에서 그렇게 만나 그렇게 하기로 되어 있기 때문에 만난 것이다.
이 세상에는 우연이란 것이 있을 수 없다. 모두가 결정된 운명을 그대로 실천하고 있을 뿐이다. 그 운명은 누구도 개조하지 못한다. 오직 자기 자신의 깨달음만이 개조시킬 수 있는 것이다. 만나는 것도 헤어지는 것도 모두 모두가 결정된 사항이지만 만나고 헤어지는 것을 다시 않기로 마음먹고 약속한다면 그 다음부터는 안 만나고 안 헤어질 수 있는 것이다.

사주팔자를 보면 가만히 앉아 있어도 감을 먹을 수 있는 팔자가 있다. 그러나 가만히 앉아 감이 오기를 기다리고 있는 것은 운명이요 삿갓을 가지고 가서 나무 밑에 받쳐 놓고 감나무를 흔들어 감을 따서 먹는 것은 개운(開運)이다. 그러므로 운명은 자기 노력을 기다려 개조시킬 수 있는 것이다. 그러니 운명을 개척하여 개운을 일으키려면 부지런히 마음 공부를 해야 한다. 염불·참선·진언을 하여 상대적 경계를 여의고 불심으로 돌아가면 모든 운명을 자유자재로 개조해 나갈 수 있다. 그러니 운명을 탓하지 말고 마음 공부를 게을리 말아야 한다.

아유(我有)면 피유(彼有)하고 아멸(我滅)이면 피멸(彼滅)한다. "내가 멸하면 저것도 멸한다."

내가 있으면 저도 있고 색즉시공(色卽是空)이요 공즉시색(空卽是色)이라 모든 것은 쉴 사이 없이 시시각각으로 변천해 가고 있다. 일분일초도 쉬지 않고 생멸한다. 거기에 어디 내가 있고 네가 있겠는가. 있다 없다 하는 것은 모두 우리들의 생각이다. 생각으로 있다고 생각하니까 모든 것이 있는 것 같이 느껴진다. 그러나 없다고 생각한다면 모두가 다 없는 것이다.

시간을 놓고 보더라도 1987년 9월 2일. 이렇게 작정하지만 작정하는 순간 그것은 벌써 현재가 아니라 과거로 변하여 버린다. 오늘이나 내일도 마찬가지요. 과거나 미래도 마찬가지다. 이것은 다 사람들이 이렇게 부르고 생각하니 그렇게 된 것 뿐이다. 우주도 마찬가지요. 인생도 마찬가지다. 그렇기 때문에 강원도 사람이 생각하는 우주관과 뉴욕 사람이 생각한 우주관과 우주인이 생각한 우주관이 각각 다르다. 만일 이 세상 밖에 또 다른 우주가 있어 거기도 우리와 같은 생물체가 있다면 또 그들이 생각하는 우주관이나 그들을 지배하는 신들의 우주관은 각기 다른 것이다.

동서남북 사위상하도 마찬가지다. 여기서 보니까 로스엔젤레스가 중앙이고 뉴욕이나 하와이는 아주 다른 세계같이 느껴지지만 만일 하와이나 뉴욕에 가서 있으면 그 자리가 곧 중앙이 되고 로스엔젤레스는 딴 세계로 인식된다. 무지개도 마찬가지다. 여기 있는 사람들이 똑같이 무지개를 보았다고 하자. 그 무지개가 어찌 보면 하나같이 느껴지지만 따지고 보면 여기 있는 사람 숫자만큼의 무지개가 각각 있는 것이다. 50인이면 50개, 5백이면 5백개, 내 무지개와 네 무지개가 분명 달리 있다.

그러므로 데카르트가 말했다.

"나는 생각한다. 그러므로 내가 존재한다."

이 말을 바꾸어 말하면 나에게 생각이 없다면 나는 존재하지 않는다는 말이 된다. 그러면 혹 이런 생각을 하는 사람이 있을 것이다.

"내가 없어졌다 하더라도 이 세상은 그대로 있는 것 아니겠소."

그렇지. 그러나 내가 없는데 그 세상이 있다면 무엇 한다는 말인가? 나하고는 하등의 관계가 없는 세계인 것이다. 그러므로 이 세계는 내가 있을 때 내 생각을 따라 나타난다는 것이고 내가 없어지면 따라서 나의 생각도 따라 멸해버리는 것이다.

이것이 소승불교의 우주관이요 인생관이다. 그러므로 소승인들은 따로 남을 생각하지 않는다. 오직 자기에 충실해서 살

뿐이다.

그러나 대승불교에 가면 이 우주·인생관이 180도로 달라진다. 달라지는 것을 알려 한다면 결석하지 말고 끝까지 듣고 전체를 평가해야 비로소 불교의 심오한 진리를 깨닫게 될 것이다.

앞에서 "연기"라고 한 것은 공간적인 측면에서 그냥 연기만을 말한 것이고 여기서 12인연을 따로 내세운 것은 시간적으로 그 인연이 어떻게 유전 생성 발전하느냐 하는 그 과정을 말하고자 하기 위해서다.

모든 것이 인연에 의해서 일어난다 하는데 소승불교에선 그 인연이 어떻게 일어나는 것을 관찰하느냐 하면 그 원인은 무명(無明)때문이라고 말하고 있다.

무명이란 밝지 못한 마음, 가려진 마음이다. 밝지 못한 마음이 나면 본래 밝고 깨끗한 자기를 잊어버리고 바깥 경계에 동요하게 된다.

어떤 처녀가 한 농군을 보았다. 인물이 훤칠하게 잘 생겼고 직분도 좋고 가문도 좋았다. 남이 알까 모르게 사랑하고 싶은 충동이 일어났다.

"아, 저런 사람이면 얼마나 좋을까?"

그래서 남몰래 편지를 썼다.

"나는 당신을 사랑합니다. 죽을 때까지 함께 살고 싶습니다. 나의 모든 것을 다 바치고 싶습니다."

상대방도 그 편지를 받고 알아들었다.

"좋습니다. 당신이 그렇게 나를 좋아한다면 언제 한 번 만납시다."

소승불교사상(小乘佛敎思想)

그렇게 해서 만나고 나니 마음이 더욱 통하기 시작하였다. 그리하여 저를 어떻게 내 애인을 만들까 하는 생각에서 눈·귀·코·혀·몸·뜻을 지속적으로 접촉하였다. 받아들이는 것이 따뜻하였다. 물론 그 가운데서는 좋지 않는 점도 없지 않았다. 그러나 좋지 않은 것은 다 버리고 좋은 점만 사랑하였다. 사랑하다 보니까 통째로 갖고 싶었다. 그래서 결혼식이라는 것을 하였다. 그랬더니 뜻밖에 거기서 아이를 배더니 아이가 태어났다. 그래서 좋아서 어찌나 기쁘던지 "어화둥둥 내 사랑아!" 하고 먼저 사랑하던 애인 이상으로 그것들을 사랑하고 기쁘게 길렀다. 그랬더니 나이가 드니 점점 노쇠해지더니 병이 들고 갖가지 고통거리가 생겨 슬픈 정경을 바라보다가 그만 죽고 말았다.

"괜히 왔다 가는구먼."

그제야 깨달았다.

"낳아도 안 낳아도 상관 없는 것, 내 가슴만 이렇게 찢고 간다."

후회하였다. 이것이 12인연이다. 최초의 일념 남자와 여자를 보는 최초의 일념, 그것이 무명이다. 남자라는 것을 보지 않았으면 그 다음 일은 일어나지 않았을 것이다. 그런데 남자를 보았기 때문에 그 최초의 한 생각에 의해서 편지를 쓰는 행(行)이 이루어지고, 피차가 서로 알게 되는 식(識)이 이루어졌으며, 여기에 좋아한다는 명색(名色)이 붙고 눈·귀·코·혀·몸·뜻(六入)으로 접촉하여 그 좋은 것을 받아들여(受) 사랑하고(愛), 사랑하다 보니까 아주 자기 것을 만들어(取) 한 살림을 차리고(有) 한 살림을 차려 살다 보니 아이를 낳았다(生). 그런데 어느새 그 난 것이 늙어(老) 병들고(病) 갖가지 고통사를 연출하다가 그만 죽어 버리니(死) 그것이 인생이었다.

'차라리 한 생각을 일으키지 아니하였다면 이런 결과는 없었을 것'이라고 후회하여도 그 때는 이미 소용이 없었다.

어떤가. 인생이란 이런 것이다. 어디 인생뿐이던가. 이 세상 모든 것이 이렇게 되어 성·주·괴·공(成·住·壞·空)하고 생·주·이·멸(生·住·異·滅)하는 것이다.

그러면 아무 생각도 하지 말고 그냥 바보처럼 살라는 말인가? 그건 아니다. 무명에 의해서 일으키는 결과는 이렇지만 명(明)에 대한 일은 이런 결과가 없다. 밝고 밝은 마음에 취하고 버리는 것도 없고, 예쁘고 미운 것도 없고, 나고 죽는 것도 없으므로 그 속에서 일어나는 만 가지 행사는 생사와는 관계가 없다.

그러므로 불교의 생활은 명(明)의 생활이요. 지혜의 생활이다. 명·지혜가 없는 생활은 고통의 생활이다. 명에 의한 삶은 설사 고통이 온다 하더라도 그것이 고통으로 받아들여지지 않으므로 늙든지 죽든지 병들든지 상관이 없다. 늙으면 늙어서 좋고, 병들면 병들어서 좋은데, 공부하고 죽으면 죽어서 교훈을 남긴다. 제불보살들이 "죽어서 선명(善明)을 남긴다." 하는 것은 바로 이것을 의미한 것이다.

그러면 그 무명이라고 하는 것이 어떻게 생기는 것인가. 갑자기 바람처럼 생기는 것이므로 "홀연무명(忽然無明)·무명풍(無明風)"이라 말하는 것이다. 바람이 불면 파도가 생긴다. 한 파도가 생기면 만 파도가 생긴다. 그래서 일파자동만파수(一波磁動萬波隨)라고 하지 않는가. 누가 시켜서가 아니다. 그런데 꼭 시키는 것과 같거든, 그것은 신이 시키고 귀신이 장난한 것이 아니고 전생에 맺었던 인연력(因緣力)이 통한 것이고,

욕심이 동한 것이다. 똑같은 사람을 보는데도 좋은 사람이 있고 싫은 사람이 있거든, 다 이것도 인연 때문이다.

그래서 불교학자들은 이 12인연을 시간적으로 3세에 배대하여 무명·행·식은 과거의 업력에 의해서 일어난 것이요. 명색·육입·촉·수·애·취·유까지는 금생에 맺어 일어난 인연이며, 생·노·병·사·우·비·고·뇌는 미래의 결과다. 이렇게 하여 삼세양중인과(三世兩重因果)로 조직하였다.

그리고 또 어떤 사람은 심리학적인 측면에서 무명을 맹목적인 삶에 비유하여 목적 없이 눈에 띄는 대로 집착된 생활한 결과를 이 12인연에 배대하여 설명하는 이도 있고, 하나의 인생을 생리학적인 면에서 설명하여 놓은 사람도 있다.

예컨대, 부모님들의 맹목적인 사랑은 무명·행·식이요, 어머니 태에 들어가 자리를 잡고 정신과 육체가 분리되고, 눈·귀·코·혀·몸·뜻이 생겨 세상에 태어나는 것은 명색·6입·촉이며, 태어나서 온갖 것을 받아들이고 사랑하고 취하여 자기의 소유를 만드는 것은 수·애·취·유이며, 다시 제2의 생명을 낳아 늙고 병들어 죽게 한 것은 생·노·사·우·비·고·뇌다. 이렇게 설명한 이도 있다.

어쨌든 12인연은 이 세상 만물이 시간 속에서 어떻게 성·주·괴·공하고 생·주·이·멸하느냐 하는 문제를 제기한 것이다.

그러니까, 그 만드는 것은 자기의 마음이다. 콩을 갖다가 두부를 만들 때 갈아서 간수를 치고 엉기게 하여 순두부를 만들어 놓고 틀을 들이대는데, 그 틀을 둥글게 할 것이냐 모나게 할 것이냐 하는 것은 만드는 사람의 마음 여하에 달린 것 아닌가. 만들어 놓고 나면 사람들이 그것을 보고 예쁘다,

밉다, 잘 생겼다, 못 생겼다 하지만 결국 그것이 뚝배기 속에 들어가 보글보글 끓다가 입속에 들어가면 진국만 다 빨리고 나머지는 분(糞)이 되어 화장실에 배설된다. 허망한 일이다. 그러니 무상하다고 않겠는가? 그러나 그 무상 속에서 이 세상이 만들어지는 것이다. 그러니, 그것도 우습게 생각하니까 우습지 멋있게 생각하면 또 멋이 있다. 그러니까 모든 것이 생각이고 마음이라는 것이다. 마음에 속지 않으려면 무명심을 일으키지 말아야 하는 것이다.

다음은 사성제다.

(2) 사성제(四聖諦)

"사성제"란 고성제(苦聖諦)·집성제(集聖諦)·멸성제(滅聖諦)·도성제(道聖諦)다.

고성제는 인연에 의하여 만들어지는 모든 것은 고통투성이라는 것이다. 삶 전체가 경쟁이요. 또 그 경쟁 속에서도 늙고 병들고 죽기 때문이다. 죽는 것이 문제가 아니라 죽음보다도 더한 고통이 올 때도 있는데 사람이 이별하고 원수가 한데 모여 살고 구해도 잘 얻어지지 않고 육체와 정신이 치성(致誠)하기 때문이라는 것은 이미 말한 바 있다.

그러면 그 고통의 원인이 무엇인가. 원인을 캐지 않고서는 병은 나을 수 없다. 그러므로 의사가 병의 원인을 진단하여 병의 원인을 캐놓은 것이 집성제다. 집이란 취집(聚集) 모집(募集)의 뜻으로 여러 가지 조건이 모여 있는데 원인이 있다는 것이다. 마치 혈압이 오르는 사람이 영양과 노동과 신경 등의 집적으로 그 병이 생긴 것처럼, 그러면 도대체 인생고의 원인인 취집, 모집은 무엇이 모여 있는 것인가. 번뇌가 모여 있는 것이다.

번뇌란 크게 두 가지로 나눌 수 있다. 일에 어리석어 저질러지는 번뇌, 이치에 어두워 저질러지는 번뇌, 탐욕, 진애, 우치, 거만, 의심은 다 일에 어두워 저지러진 번뇌이고 이견(耳見)·변견(邊見)·사견(邪見)·견취견(見取見)은 이치에 어두워 만들어진 번뇌이다.

이와 같이 번뇌의 원인은 분별심이요, 시비심이다. 이 분별, 시비에 의하여 탐욕과 진애 우치를 낳으며, 무명 행 식 명색 육입 촉 수 애 취 유 생 노 병 사의 우비고뇌를 작반하는 것이다.

그렇다면 그 고통, 우비고뇌를 그냥 놓아둘 것인가. 종교는 바로 그것을 제거하는 정신과 의사다. 그러므로 그것을 제거하는 마음을 먹어야 한다. 그럴려면 十二 인연을 역으로 관찰해 볼 필요가 있다.

나고 늙고 병들고 죽는 공통이 어느 곳으로부터 왔는가?

"생으로부터 왔다."

"업이 존재하므로부터 왔다."

"그럼 그 업은?"

"취착심으로부터 왔다."

"취착심은?"

"사랑하는 마음으로부터 왔다."

"사랑은?"

"감수작용에서 왔다."

"감수작용은?"

"집착심에서 왔다."

"집착심은?"

"6입에서 왔다."

"육입은?"

"명색에서 왔다."

"명색은?"

"식에서 왔다."

"식은?"

"행에서 왔다."

"행은?"

"무명에서 왔다."

"그렇다면 무명은 어디서 왔는가?"

"홀연히 일어난 한 생각에서 왔다."

그렇다면 한 생각만 제거하면 무명도 없어지고, 행도 없어지고, 식도 다 없어지고 또한 명색, 육입, 촉·수·애·취·유·생·노·사 우비고뇌가 없어질 것이다. 그에 따라 또 번뇌를 없애고 이치적으로 일에서 일어나는 일체의 미혹을 제거하게 된 것이 이 멸성제다. 그것을 제거하면 마음이 평화로운 세계에 안주하게 되기 때문이다.

그러므로 길을 닦아야 한다. 이미 방법·설계가 이루어졌다면 그 길만 걸어가면 그만 아닌가.

그러면 그 길을 무엇으로 닦고 갈 것인가? 여덟 개의 바퀴가 달린 바른 수레를 타고 가야한다. 이것이 도성제다.

여덟 개의 바퀴가 달린 바른 수레란

첫째는 바로 보는 것이요(正見)

둘째는 바른 생각을 하는 것이요(正思)

셋째는 바로 말하는 것이요(正語)

넷째는 바로 행동하는 것이요(正行)

다섯째는 바른 직업을 갖는 것이요(正業)
여섯째는 바로 정진하는 것이요(正精進)
일곱째는 바로 생각하는 것이요(正念)
여덟째는 바로 마음을 잡는 것이다(正定)

그러면 여기서 가장 중요한 것은 「바로」라는 말이다. 그러면 「바로」라는 말은 무엇이냐? 12인연을 역순(逆順)하고 고성제를 관찰한 마음이며, 최초 일념까지 일으키지 않았던 본래의 생각에 돌아가서 부처님과 마음을 꼭 같이 먹고 자기 일에 충실하는 것이다.

이렇게 무념(無念) 무상(無想)한 생각을 바로 가지고 사바세계로 굴러가면 사바가 곧 정토가 되고 극락은 더욱 극락이 될 것이다.

삶은 똑같은 삶인데 멋있는 삶이요 재미있는 삶이다. 높고 낮은 곳을 통해서 무상을 보고 무아를 보고 열반을 보고, 보리를 보아 그 속에 유희하지 못하는 이들을 안타깝게 불쌍하게 생각하면서 살아갈 뿐이다.

바른 것이 하나로 통일되면 부처와 내가 하나가 되고 중생과 내가 하나가 되고 세계와 내가 하나가 되고 만물과 내가 하나가 되어 가는 곳마다 내 집이요, 만나는 사람마다 내 권속이 될 것이다. 그러기 때문에 이것은 성스러운 진리요, 모든 성인이 자신 있게 걸어간 길이요, 우리들이 걸어갈 길이며, 장차 모든 중생들이 마땅히 걸어야 할 길인 것이다.

그렇다면 그 수레바퀴를 보다 튼튼하게 명확하게 살펴 고장이 없도록 구성하여 굴러가야 할 것이다.

그래서 8정도를 다시 한 번 뜯어 맞추어 보자.

첫째 정견(正見) 이란 무엇이냐.

어제 아침 나의 제자 하나가 밖에 나갔다 와서 하는 말이, "스님 큰일 났습니다. 몇 년 이내에 위성의 성군(星群)이 지구에 떨어진다고 하고 또 지구덩어리가 곧 바로 서게 되어 북극지방의 얼음덩이가 녹으므로 인하여 미국의 서부와 일본 등이 바다 속에 가라앉게 될 것이라는 것입니다."

"그래 어떻게 하였으면 좋겠느냐?"

"동부로 피난 가는 것이 좋겠습니다."

동부면 뉴욕입니다. 우리 프로비덴스 수도원 같은 데는 피난처가 될 것이니 어서 가자는 것이었다. 웃지 못할 에피소드다. 이러한 일들은 오늘 뿐 아니라 77년인가에도 있어서 이왕이면 먹고 죽자고 집에서 기르던 소, 돼지, 닭들을 잡아 실컷 먹고 그 시간을 기다렸는데도 죽지 않고 살았다.

지구는 언젠가 멸망할 것이다. 만들어진 모든 것은 언젠가 한번은 멸하고 말 것이기 때문이다. 그러나 그것이 그렇게 쉽게 하루아침에 넘어가는 것이 아니다. 불교의 우주설에 의하면 이 우주는 80겁만에 한 번씩 성·주·괴·공을 일회전하고 있는데 현재의 지구는 80겁 중 제73겁의 괴겁시(壞劫時)에 이르고 있다는 것이다. 그러니 아직도 완전히 괴멸하려면 7겁 이상이 있어야 되는데 1겁은 적어도 320억만년이 넘는 시간이요, 물론 그 안에 생물을 들어 볶는 3재 8난이 일어난다.

그렇다고 오늘 당장 그렇게 되는 것은 아니다. 유사 이래 인류는 연속되는 3재 8난 속에 살아 왔다. 사람은 사는 것도 중요하지만 죽는 것도 중요하다. 그러나 죽는다고 아주 죽는 것이 아니지 않는가? 5온개공(五蘊皆空)이라 육체와 정신은 인

소승불교사상(小乘佛敎思想)

연의 화합물이라 멸하고 말지마는 그것이 멸하고 성하는 것을 아는 이는 죽지 않는다. 그런데 무엇이 그렇게 겁날 것이 있는가. 사는 날까지 성스럽게 사는 것이 중요하다. 누구 말마따나 굵고 짧게 살 것이냐 가늘고 오래 살 것이냐 하는 것도 중요하지만 짧고 길고, 굵고 가는 것은 고사하고 당장 오늘 이 하루 이 시간을 어떻게 멋있게 보낼 것이냐 하는 것이 문제인 것이다.

제자는 처음 눈을 똥그랗게 해 가지고 겁먹은 모습으로 왔을 때와는 달리 아주 평화로워져서 미소를 띄고 웃었다. 어처구니가 없다는 것이다. 사람의 생각처럼 방정맞은 것이 없는데 그 생각에 속은 것이다. 교회 나가면 하나님께서 곧 바로 벌을 주시고 선택받지 못한 사람은 지옥에 들어가 고통 받는 모습을 극적으로 이야기하니 사람들의 마음이 모두 오그라져서 벌벌 떤다. 그러다가 또 찬송가를 부르고 천당 이야기를 하면 그렇게 평화롭고 아름다울 수가 없다. 그러니 거기에 안 미치고 살겠는가. 모두가 마음이다. 생각이다.

이 생각을 바로 하여 호오염정(好惡染淨) 고저장단(高低長短)에 관계없이 그것들을 내려다본다. 나도 내세우지 않고 남도 내세우지 않고 오직 열반적정의 경지에서 무상하고 무아한 이 현실을 내려다본다. 이것이 정견이다.

정견이 이미 이루어졌으면 생각도 그렇게 가져야지, 어리석은 마음이 가시면 지혜로운 마음이 그대로 비치므로 탐욕 진애가 없어진다. 자비희사심도 없는데 하물며 3독이겠는가.

그렇다면 말은 본대로 생각한 대로 바르게 하면 된다. 거짓 없이 꾸밈없이 이간질도 붙이지 말고 악담 설욕도 할 것 없이 바로 본 바른 생각만 그대로 말한다. 이것이 정어다.

다음 몸의 행동도 그렇게 한다. 옛날에는 몰랐기 때문에 살생, 도둑질, 간음을 누워서 떡 먹듯 하였는데 이제 알았으면 안 대로 청정한 마음으로 방생과 보시를 행한다. 이것이 정업이다.

그래서 직업의식을 바르게 한다. 내가 무엇을 하든지 그것은 모두 이 세계와 인류를 위해서 하는 것이다. 사사로운 사견(邪見)이 없는 데 그 삶에 귀천이 있겠는가? 귀하고 천함에 관계없이 자기가 맡은바 임무에 충실하여 생명을 유지하여 나가면 정명이다.

이미 유지하는 것이 시작되었다면 꾸준히 노력하여야지, 한 번 하고 두 번 하고 말아 세상이 구해지는 것이 아니다. 중생이 가이 없고, 번뇌가 끝이 없고, 법문이 한량 없고, 불도가 위가 없는데 어찌 한계 있는 마음으로 지식(止息)할 수 있겠는가? 그래서 꾸준히 정진을 계속하는 마음이 정정진이다.

그래서 이 모든 것들을 한 생각에 바로 잡아 바로 마음을 안정하면 먼저 간 사람과 뒤에 간 사람이 한 곳에서 모여 파수공행(把手共行) 한다. 거기에는 외로움도 없고, 괴로움도 없고, 슬픔도 없고, 고통이 없으니 극락이다.

이것을 8정도라 하는 것이다. 이 8정도의 수레바퀴를 아세아 중턱에서부터 굴리고 내려와 유럽·아프리카·아메리카·오스트레일리아·태평양·대서양 일대로 운전하면 세계는 한 집 한 세상이 되는 것이다. 이것을 불지촌(佛地村)이라 하고 안양국(安養國)이라 하는 것이다.

(3) 삼법인(三法印)

삼법인은 이상의 모든 불교를 철학적으로 정리하여 조인하여 놓은 것이다. 인연은 우주관을 공간적인 측면에서 이야기해 놓은 것이고 12인연은 시간적인 측면에서 설명한 것이며, 4성제는 종교적 측면에서 이야기한 것이고, 8정도는 생활적 측면에서 이야기해 놓은 것이다. 그런데 이 삼법인은 철학적인 측면에서 조직된 것이다.

삼법인의 인은 도장 인자(印) 한번 찍어 놓으면 천년 만년 내려가도 변함없는 것이다.

첫째, 제행무상인(諸行無常印)은 모든 것은 시간적으로 변이상속 한다는 말이다. 이 말은 두 가지 측면에서 해석할 수 있으니, 창조적 발전적인 면에서 보면 성숙을 의미하고 파괴적인 면에서 쇠퇴괴멸하는 것으로 보면 허무하게 되는 것이다. 그러나 이 세상 모든 것이 이 두 가지 양상을 벗어날 수 없다. 우리의 몸도 구세포는 계속 노쇠 멸진해 가면서 그 속에서 새싹이 계속 돋아나고 있으며 정신도 어제의 생각이 이어져 오늘의 생각을 창조해 내고 있는 것이다. 그러니 우리는 변이 속에서 상속을 연이어 가고 있으며 모든 것을 성숙시켜 나가야 한다는 사실을 새롭게 인식해야 할 것이니 이것이 유신이고 혁명이다.

예전에 일본을 갔더니 '기무라' 라고 하는 보살이 아주 새색시가 되어 있었다. 너무나도 달라져 있었기 때문에,

"당신이 기무라 보살님 동생이요?"

하고 물었더니 자기가 기무라 보살이라 하였다. 어떻게 그렇게 젊어졌느냐 물으니 성형수술을 하여 주름살을 모두 떼어 냈다고 하였다. 참으로 신기했다. 그런데 그 뒤 일 년 안 되어서 암에 걸렸다. 이 병원 저 병원을 다니면서 얼마나 고생을 하였던지 주름살이 옛날보다 더 생겼다.

"스님, 내가 망령이 들어 말썽을 피웠습니다."

"무슨 소리요. 젊어졌으면 마음까지 아주 팍 젊어져야지."

"아닙니다. 몸이 젊어졌다고 습관은 금방 달라지지 않더군요."

그렇다. 이렇게 흘러가는 몸뚱이를 억지로 자르고 꿰매도 다 좋지 않은 것이다. 늙으면 늙은 대로 좋고, 젊으면 젊은 대로 좋고, 그때그때 시기에 맞추어 거기 알맞은 행사를 하는 것, 이것이 불자다. 애착을 가지면 가진 만큼 병이 나니 그저 인생은 흐르는 물처럼 유유자적하게 살아야 하는 것이다. 그러면 걱정 근심이 없이 살아갈 수 있으니 말이다.

둘째, 제법무아인(諸法無我印)은 모든 것은 내가 없다는 것이다. 내가 없다는 말은 모든 것은 곧 하나라는 말도 된다. 너와 내가 둘이 아니고 원리적인 면에서는 하나라는 것이다. 그래서 이것은 반대로 대아(大我)라고도 표시하고 있다. 만물은 인과 연의 상의상자(相依相資) 가운데서 상호부조(相互扶助)하고 사는 것이다.

그래서 이 제법무아는 소아적인 애착을 벗어나 대아적 행동을 실천하는 과정으로 자기의 마음을 굳게 갖는 것이다. "나" "내 것이다" 하는 마음을 먹으면 "너" "네 것이다" 하는 생각 때문에 치열한 경쟁이 생기고 "우리" "우리 것이다" 하면 오히려 편해질 수 있기 때문이다. 이 넓은 우주는 본래 누구 것이었던가? 인류 공동의 업력에 의해서 공동으로 만들어 공동으로 수용하는 것인데 거기서 한 세상 누웠다 앉았다 편히 쉬어가는 것만도 고마운데 내 것이다, 네 것이다 하여 서로 다투는 것을 보면 기가 막힐 일이다. 달팽이 뿔에다가 집을 지어 놓고 내 세계 네 세계를 가리는 것과 무엇이 다르랴.

세 번째, 열반적정인은 이같이 무상 무아를 확인하여 나 내 것 네 네것이 없는 우리의 세계에 들어가면 상하 전후 좌우가 없어져서 절대 평등한 가운데 자유로운 삶을 살게 되는데 그것을 열반적정이라 한다. 열반은 번뇌를 꺼버렸다, 타는 불꽃을 없애버렸다는 말이고 불난 집에 불이 꺼지고 나면 평화가 돌아오기 때문에 "적정"인 것이다. 열반적정을 넘으면 네 가지 마음이 생긴다.

무상 속에서 영원을 구가하는 마음(常)

고통 속에서 항상 즐겁게 사는 마음(樂)

부자유 속에서 절대적 자유를 누리는 마음(我)

부정 속에서 깨끗한 생활을 할 수 있는 마음(淨)

이것을 열반 4덕(德)이라 한다.

공산주의는 자본주의의 차별에 대비하여 먹고 입고 배우는 자유와 평등을 얻기 위하여 일어난 혁명이지만 불교는 그러한 상대적 물질적 혁명이 아니라 절대적 정신적 혁명인 것이다. 그러니 이것은 무기를 들고 피켓을 들고 데모한다고 되는 것이 아니라 깊은 깨달음에 의해서 고개를 끄덕이고 스스로 일어서야 하는 것이다.

불교의 혁명은 모든 사람들에게 이 삼법인의 인간을 형성하는 혁명이고 4성제를 통하여 고통에서 영원히 벗어나는 해탈의 혁명이다.

◎ 삼학(三學)

불교의 혁명에는 세 가지 실천 강행이 필요하다.
첫째는 윤리운동이요
둘째는 정신혁명이며
셋째는 정화운동이다.

첫째, 윤리운동이란 나와 세계가 다 같이 질서 있게 살아갈 수 있는 길을 모색하는 것이니 이것이 부처님께서 일러주신 계율이다.
① 모든 생명을 사랑하고(不殺生)
② 만족한 생활로 남의 것을 욕심내지 않으며(不偸盜)
③ 인연을 소중히 여겨 말을 바르게 하고(不妄語)
④ 남녀관계에는 삿됨이 없이 깨끗하게 살아간다(不邪淫)

기타 여러 가지는 모두 이 넷 속에 포함될 수 있으므로 이것을 기본 계율이라 한다. 비구는 250계를 지키고 비구니는 348계를 지키며 보살은 10중대계와 48경계를 지킨다. 그리고 사미는 10계, 행자는 5계, 또 예비비구니는 6계, 일반 신도는 10선계 등을 지키는데 모두 이것은 몸과 입과 뜻의 질서를 규율한 것이고 사회단체 생활의 규범을 형성한 것이다. 이것을 실천하면 자타가 편안해져서 사회복지가 저절로 이룩된다.

둘째, 정신혁명은 들뜬 마음을 가라앉히고 스스로 자신을 돌아본다. 무상 무아를 통하여 자기 세계를 확고히 하여 열반 적정을 얻는다. 이렇게 요지부동한 경계에 돌아가면 이 세상 모든 것이 진리 아닌 것이 없다. 이것이 정학(定學)이다.

셋째, 정화운동이란 계학과 정학에 의하여 확립한 요지부동한 마음에 나타난 밝은 지혜에 의하여 이 세상을 정화해 나가는 것이다. 중생의 근기를 살피고 중생들을 제도하는데 필요한 지식과 상식과 기술을 익히고 행동을 습득하여 자비희사(慈非喜捨)한 마음으로 그들 근기를 따라 무량중생을 제도한다. 그리하여 이 세상을 불국토로 장엄해야 하는 것이다.

이상으로 소승불교를 간단히 설명하였다. 부처님의 말씀을 듣고 자기 주관 없이 그대로 실천하여 수행하는 사람은 성문승(聲聞乘)이 되고 인연법을 깨달아 자각적 구도행을 실천하는 사람은 연각승(緣覺乘)이 된다.

4제 12인연 3법인 3학의 법을 습득한다면 전체를 불교면에서 볼 때 초등학교 유치원 과정을 마치게 되는 편이 된다. 그럼 다음 대승불교에서 중·고등·대학교를 마쳐서 선학으로서 학위를 받도록 하겠다. 중도에서 폐하면 졸업증은 고사하고 수료증도 받아가기 어려울 것이니 정신 차려 공부하기 바란다.

대승불교사상(大乘佛敎思想)

1. 대승불교(大乘佛敎)의 여섯 가지 관법

불교를 공부하는데 두 가지 방법이 있다. 첫째는 연기론(緣起論)이고, 둘째는 실상론(實相論)이다.

어떤 물을 관찰할 때 시간적으로 관찰하는 방법을 연기론이라 하고 공간적으로 관찰하는 방법을 실상론이라 한다. 예를 들어 말한다면 여기 테이프가 있는데 이 테이프는 언제 누가 만든 것이며 그 재료는 무엇이고 어떤 과정을 통하여 어떻게 만든 것이냐 하고 그 성립 발전과정을 구체적으로 파고드는 것은 연기론이고, 테이프는 무엇 하는 것이냐. 테이프의 참 모습은 무엇이냐를 연구하는 것은 실상론이다. 또 한 가지 예를 더 들어본다면, 인간은 어디서 생긴 것이냐. 어머니에게서 생긴 것이다. 그 어머니는 어디서 생겼느냐. 그 어머니의 어머니에게서 생겼다. 이렇게 하여 그 어머니의 어머니, 어머니의 어머니 하여 끝까지 올라가면 결국 닭과 계란과 같은 논리가 남게 된다. 그런데 불교는 닭과 계란과의 관계를 연구하는 것보다는 어머니의 아들과 어머니와 아들의 관계를 상호분석함으로써 그 입장과 처지를 분명히 해가는 것이다. 이렇게 보면 모든 인류는 형제 아닌 사람이 없고 부모 아닌 사람이 없는 것이다 그러므로 사해동포(四海同胞)요 만민동체(萬民同體)라 하는 것이다. 사람뿐이 아니라 그 근원을 따지고 보면 소, 돼지, 말, 개, 나무, 풀, 돌멩이 할 것 없이 만물이 동체(萬物同體)인 것이다.

공간에는 대우주가 있다. 우주 가운데는 태양계가 있고 태양계 가운데 지구가 있으며 지구 가운데 아메리카가 있고 아메리카 가운데 캘리포니아, 로스엔젤레스가 있고 그 안에 달마사라는 절이 있고 그 가운데 지금 우리가 앉아서 법을 설하고 있다. 그런데 그 법을 말하는 숭산이나 법을 듣는 여러분이 진짜로 존재하는 것이냐? 그렇지 않으면 텅텅 비어있는 것이냐? 있다면 영원히 없어질 수 없는 것이고 비었다면 실이 없는 것인데, 그렇다면 이 몸뚱이, 이 마음은 도대체 어떤 것이냐? 이 우주와 인간과의 사이에는 어떤 관계가 있느냐? 이것을 연구하는 것이 실상론이다. 사람들은 흔히 우주가 있으므로 내가 있다고 생각하고 있으나 불교의 입장은 다르다. 내가 있으므로 우주가 존재하는 것이다. 여기 앉아있는 사람들이 각기 하나의 우주를 보고 있는 것 같지만 실상 따지고 보면 각기 자기 눈에 비친 우주는 각기 다른 것이다. 그러므로 그 사람의 우주는 그가 살아 있는 동안까지 밖에 없다. 그가 죽으면 그의 우주는 사라져 버린다. 죽은 뒤에 남아있는 우주는 자기와는 하등의 관계가 없다. 그런데 그 우주(자기의 눈으로 본 우주)는 자기 관념에 대한 우주이지 진짜 무념무상(無念無想)한 천진자성의 우주는 아닌 것이다. 워싱톤 브라운

대학 종교과 학생들이 태국의 유명한 스님을 모셔 3일 동안 특강을 하였다. 4제·12인연으로 부터 삼법인 삼학에 이르기까지 실을 꿰고 바늘을 놀리듯 질서정연한 논리로 법문을 하였다.

"생은 왜 있느냐?" "전생의 업유(業有) 때문이다."
"업은 왜 존재하느냐?" "전생의 식(識) 때문이다."
"식은 왜 존재하느냐?" "무명 때문이다."
하고 모든 것을 무명으로부터 연기된다고 구체적으로 설명하였다.

그 때 한 학생이 질문하였다.
"그러면 그 무명은 어디서 어떻게 난 것입니까?"
"갑자기 생긴 것이다."
"갑자기 어떻게 생겼습니까. 기독교에서는 신의 조작이라고 나 하지만…"
말이 꼭 막혔다. 프리덴박사가 말하였다.
"그것은 선방에서나 할 질문이지 교학에서는 통하지 않는 말입니다."
"그렇다면 선과 교가 다르다는 말입니까. 선은 어디에서부터 왔고 또는 어디로 가는 것입니까?"
이 또한 꽉 막혀버렸다. 깨닫지 못하면 알 수 없는 것이다. 최초의 일념 한 생각이 무명이다. 너와 나를 가리는 마음, 아견(我見), 인견(人見), 중생견(衆生見)의 견심(見心), 그 견심에 의하여 무명을 발동하는 것이다. 대답하고 말 것이 따로 있는 것이 아니다. 보는 자에게 분별의 고통이 있을 뿐이다.

장님은 색깔을 보지 못한다. 그래서 꿈에서라도 색깔은 나타나지 않는다. 만일 색을 보았다면 그것은 전생에 본 것이다.

색이 없는데 색에 대한 분별 시비가 있겠는가? 눈뿐이 아니라 귀, 코, 혀, 몸, 뜻의 온갖 것에 낙사(落射=잠재의식)될 것이 없다면 눈, 귀, 코, 혀, 몸, 뜻을 언제나 뜨고 살아도 그에겐 분별 시비가 없다. 그래서 반야심경에 "오온개공(五蘊皆空)하면 무안이비설신의(無眼耳鼻舌身意) 무색성향미촉법(無色聲香味觸法) 무안계(無眼界) 내지 무의식계(無意識界)라" 한 것이다. 눈도 없고 색도 없고 의식도 없는 경계를 다 죽은 경계와 같이 생각할는지 모르지만 생각 있는 가운데서도 생각이 끊어진 부처님의 경계이므로 그는 언제나 사바 속에서도 열반 생활을 하고 있는 것이다.

이것이 대승불교와 소승불교의 차이점이다. 소승불교는 '이 고통을 어떻게 없앨 것이냐?' 하는 식으로 나가지만 대승불교는 '이 세상을 어떻게 멋있게 살 것이냐?' 하는 식으로 나가는 것이다. 그러므로 소승불교는 되도록 경계를 피하려 하지만 대승불교는 그 경계에 뛰어들어 그 경계를 초월해 나가는 것이다.

능엄경에 보면 아난다와 부처님과의 대화가 나온다. 종소리가 들려왔다. 부처님께서 묻는다.

"이 종소리가 어디서 나느냐?"

"종에서 납니다."

"종을 치는 방망이가 없어도 종소리가 나겠느냐?"

"아, 종소리는 방망이에서 납니다."

"방망이에서 종소리가 아무리 났다고 하더라도 사람에게 듣는 귀가 없다면 그래도 소리가 나겠느냐?"

"아, 종소리는 귀에서 납니다."

"귀로 종소리를 들었다 할지라도 이것이 종소리라고 분별하는 생각이 없다면 그래도 소리가 나겠느냐?"

"그렇습니다. 생각이 없다면 들을 수 없습니다. 그러니 종 소리는 생각에서 납니다."

"그러면 그 생각은 어디에 매여 있느냐?"

"마음에 있습니다."

"그러면 마음이 있느냐 없느냐? 어디에 마음이 있느냐?"

아난다가 마음을 찾아보았다. 그러나 마음은 실체가 없었다.

"마음은 실체가 없습니다."

"그럼 허공 가운데서 종소리가 나는구나."

"예, 모든 것이 빈 가운데서 묘한 작을 일으키고 있습니다."

이것이, 진공묘유(眞空妙有)다. 진공은 인연이고 묘유는 존재다. 모든 존재는 인연 속에서 난다는 말이다. 종소리가 아무리 아름답다 하더라도 방망이와 귀와 생각과 마음이 서로 어울려서 묘하게 존재하는 것이다.

종소리 뿐이 아니라, 여기 켜진 전기도 마찬가지다. +, - 음전 양전이 한데 어울려 밝은 불빛을 내면 어두운 세계가 훤히 밝아질 뿐 아니라 자동차, 선풍기, 냉동기가 모두 저절로 돌아간다.

그러므로 대승불교에서는 그 같은 인연력(因緣力)을 관찰하여야 한다고 한 것이다.

앞의 소승불교에서도 무상관, 부정관, 무아관을 통하여 인생고를 없애는 좋은 방법을 배웠는데 대승불교에서는 그 같은 관법을 여섯 가지로 구분하고 있다.

첫째는 법체유공관(法體有空觀)이니, 모든 존재는 인연 속에 존재한다고 관하는 것이다.

둘째는 무상개공관(無相皆空觀)이니 인연에 의하여 나타난 모든 것은 그 모습이 모두 비어 있다고 관하는 것이다.

셋째 유공중도관(有空中道觀)은 있다(有), 없다(空)고 하는 관념에 빠지지 말고 오직 인연이다 하는 바른 견해(中道)를 가지는 것이다.

넷째 제법실상관(諸法實相觀)은 그것이 인연이라면 인연 속에 나타난 모든 것은 결국 일심(一心)의 소관이므로 있는 그대로가 진리라고 관찰하는 것이다. 돌이면 돌, 나무면 나무, 사람이면 사람이 모두 한 진리의 표현이요 사상(事像)임을 일깨우는 관이다.

다섯째 사사무애관(事事無碍觀)은 일과 일들이 모두 한 진리의 표현이라면 그 일에 대하여 겁낼 것이 없이 자세히 그 이치를 관하면 무애자재(無碍自在)한 생활을 할 수 있다는 말이다. 예컨대 물과 얼음, 수증기는 각기 다른 것이지만 그 근본원리는 H_2O이므로 이 도리를 아는 이는 얼음이 없으면 물을 냉장고에 넣고, 물이 필요하면 얼음을 녹이면 되고, 수증기를 보고 싶으면 물에 열을 가하면 된다. 몰라서 그렇지 이미 다 안 이상에는 겁낼 것도 없고 걸릴 것도 없다. 자기를 확실하게 깨달은 사람은 사람이지만 때를 따라 돌도 되고, 사람도 되고, 나무도 되고, 짐승도 되고, 물도 되고, 산도 될 수 있다. 그러기 때문에 제불성현(諸佛聖賢)이 신통변화로써 무량중생을 제도하는 것이다. 이것이 대기대용(大機大用)이다. 큰 마음을 깨달은 사람은 그의 작응에 걸릴 것이 없다는 말이다.

여섯째 즉사이진관(卽事而眞觀)은 마음을 이미 일에 부쳐 작용을 마음대로 하는 사람이라면 내일 모래나 어저께 그저께 일은 생각하지 않고도 그 때 그 때의 상황에 꼭 맞추어 그대로 이치를 나타낸다는 말이니 그렇게 관하는 것이 즉사이진관이다. 부처님 당시에 광액도아가 있었다. 인도의 풍습에 4성계급이라는 것이 있는데 바라문과 왕족, 평민, 노예가 그것이다. 노예 가운데 각각 자기의 직업을 가지고 있는데 이 광액도아는 매일 소를 잡는 도완이었다. 할아버지 때부터 이 직업을 가지고 있어서 다시는 변경할 수 없는 처지에 놓여 있었다. 그런데 그는 매일 소를 잡으면서도 늘 생각하였다.

"소를 잡는 이 놈이 누구인가?"

이렇게 의심하고 의심하고 또 의심을 해나가다가 하루는 소를 앞에 놓고 도끼로 그의 머리를 콱 치는데 소가 크게 "우매" 하고 쓰러졌다. 순간 그는 다생에 의심을 한꺼번에 털어버리고,

"나도 천불(千佛)의 일수(一首)다."

라 하였다. 나는 언제나 세세에 도완이 노릇만 할 수 있는 것이 아니라, 마음을 그 방면으로 썼기 때문에 이런 직업을 가지게 된 것이다. 나도 옛날에는 석가모니와 같은 똑 같은 부처였다. 그렇다면 이제부터는 이 도리를 모르고 소가 되어 죽는 모든 소들에게 윤회의 도리를 일깨워 주고 이왕에 죽으면서 원망하면서 죽을 것이 아니라 보살심을 가지고 죽어서 모든 중생의 피와 살이 되도록 깨우쳐 주어야겠다고 생각한 것이다. 여기에는 선이니 악이니 좋은 것이니 나쁜 것이니 그러한 관념까지도 다 털어버리고 오직 그 업에 충실하여, 만중생을 제도하는 것이 부처다.

이와 같이 자기 직업의 귀천이나 성쇠에 관계없이 세상의 이치를 그가 하는 일 가운데서 훤히 나타내면 이것이 곧 즉사이진인 것이다.

이렇게 모든 것을 관하여 가면서 걸림 없는 생활을 실천해 가는 것이 대승불교다.

그럼 다음부터는 여러 대승경전에 나오는 중요한 사상을 간추려 설명해 보기로 하겠다.

2. 여러 가지 경전

(1) 반야심경(般若心經)의 철학

이 세상은 가나오나 고통투성이다. 고국이 그리워 고국에 가면 고국 나름대로 고통이 있고 그게 안쓰러워 미국에 오면 미국 나름대로 고통이 있다.

그런데 이 고통이 어디서 생기는가? 어떤 사람은 사랑이 하고 싶어 괴롭고, 먹고 싶어 괴롭고, 자고 싶어 괴롭고, 자식이 없어 괴롭고, 지식이 있어 괴롭고, 명예가 없어 괴롭다고 각기 그 고통의 원인을 들어 설명하고 있다.

그러나 결국 따지고 보면 그 모든 고통이 어디서 오는 것이냐 하면 내가 있는 데에 원인이 있다. 내가 없다면 이 세상 천만근의 고통이 있다 할지라도 나와는 하등의 관계가 없다.

그러므로 반야심경에 "조견오온재공(照見五蘊皆空)하면 도일체고액(度一切苦厄)한다." 하였다. 이 몸이 공한 도리를 비추어 보는 자는 일체의 고통과 액난을 벗어난다는 말이다.

5온은 색, 수, 상, 행, 식(色, 受, 想, 行, 識)이다. 색은 물질 즉 육체이고, 수, 상, 행, 식은 정신이다. 물질인 색은 지・수・화・풍(地・水・火・風) 4대가 인연 따라 모여있는 것이니 공이요, 수·상·행·식은 감수작용, 상상작용, 의지작용, 분별작용이 한데 어울려 하나의 정신작용을 일으키므로 공이다. 독립된 실체가 있다면 상호 연관된 관계가 끊어져 없으므로 고통이 있을 수 없다. 그러나 지(地)는 지대로 제 좋을 대로만 하려 하고, 수(水)는 수대로 제 좋을 대로만 하려 하며, 화(火)·풍(風)도 각기 제 좋을 대로만 하려 한다. 정신도 역시 마찬가지다. 감수작용은 감수작용대로, 상상작용은 상상작용대로, 의지작용은 의지작용대로, 분별작용은 분별작용대로 각기 제 모습을 드러내 자랑코자 한다. 허나 그것이 그것대로 잘 되지 않으니 고통이다. 허나 이것은 각기 떨어진 주인이 없는 것이라 따로따로 떼어 놓을 것 같으면 있다고 할 것이 없다. 따로따로 떼어 놓지 않는다 할지라도 시간적으로 공간적으로 잠시도 고정 불변하는 것이 없으니 있다고 할 것이 없다. 있다고 할 것 없는 것을 붙들어 잡고 나라고 생각하고, 그 나를 중심으로 내 것을 형성하다 보니 나 아닌 것과 내 것 아닌 것과의 대립적 관계에서 온갖 탐욕과 진애가 생기고 사랑과 갈등이 생겨서 세상에 고통이 실꾸러미처럼 딸려 나오는 것이다. 그런데 이 몸 즉 5온이 공한 도리를 확실하게 비추어 보아 내가 없는 것을 알았다면 어찌 거기에 내가 없는데 무슨 고통이 달라 붙겠는가.

 그러나 우리가 여기서 한번 돌이켜 생각하여 볼 문제는 이 몸이 헛것이라 하여 업신여기거나 염세적 생각을 가져서는 안 된다는 것이다. 왜냐하면 지·수·화·풍 4대나 색·수·상·행·식 5온은 아무런 죄가 없는 것이다. 그것은 끌고 다니는 마음에서 일어난 생각 때문에 너 나를 구분하는 것이지 4대 5온 때문에 분별되는 것은 아니기 때문이다. 어린아이는 받아들이는 감수작용만 있고, 한두 살 먹어 조금 큰 아이가 되면 생각(想)을 일으키고, 조금 더 크면 돌아다니면서 집고 가지기를 마지않으며, 조금 더 크면 갖가지 일들을 기억하여 분별 시비한다. 그러므로 수상행식은 발달 심리학적인 면에서 순서를 정해 놓은 것이고, 또 지·수·화·풍 4대 즉 지는 굳은 뼈요 수는 살결이요 화는 맥박이요 풍은 호흡이라, 인간의 생체구성 과정을 따라서 그렇게 순서를 정해 놓은 것이다.

그러나 이 같은 모든 것은 인간 구성의 요소에 불과하다. 그것을 나라고 생각하는 것이 있어 너 나를 구분하므로 죽고 싶은 생각이 나고 감정과 감정의 대립이 생기게 되는 것이다. 만약 안(정신) 밖(육체)이 통째로 다 비었다고 생각한다면 나라는 것이 없으므로 상대가 없어진다.

색도 인연이니 공과 다르지 않고 공도 인연이니 색과 다르지 않다. 색불이공(色不異空)이요 공불이색(空不異色)이라면 색즉시공(色卽是空)이고 공즉시색(空卽是色)이다. 있는 것이 곧 없는 것이요 없는 것이 곧 있는 것이기 때문이다. 색은 수상행식이 아니고는 인식될 수 없고 수·상·행·식은 색이 아니고서는 그 모습을 나타낼 수 없다. 그러므로 이들은 서로 다르지 않은 것이다. 그렇다면 그것은 서로 형태만 달리하여 나타나고 숨은 것에 불과하므로 그의 본체는 불생불멸(不生不滅)하고 불구부정(不垢不淨)한 것이며, 부증불감(不增不減)한 것이다.

불생불멸이란 법체(法體)의 영원성을 말하고, 불구부정은 법체의 청정성을 말하며, 부증불감은 법체의 원만성을 말하는 것이다. 물질과 정신, 그것을 운용하는 마음이 어떻게 불생불멸하고 불구부정, 부증불감 하는가는 물 하나의 예로서도 능히 증명할 수 있다.

　물에 100도의 열을 가하면 그것은 얼마 후에 모두 수증기로 변하고, 다시 그것을 식혀 차게 만들면 다시 물이 된다. 또 그것을 냉장고 속에 넣어둔다면 금방 그것은 얼음이 되고 만다. 이렇게 모양은 온도에 따라 변하지만 그 습기(H_2O)는 변치 않으므로 부증불감인 것이다.

　아르키메데스는 물리학에서 이 같은 원리에서 에너지 불멸의 법칙을 고안하여 냈었고 후크는 화학을 통해서 질량불변의 정리를 창출(創出)해 내었다.

　여하간 현대물리학과 화학과 불교와의 관계는 밀접한 관계가 있다. 다만 불교는 그 법칙이 화학이니 물리학이니 하는 학적 명칭을 사용하지 않고 있을 뿐이다.

　또 더럽고 깨끗한 것에 대하여서도 물이 입을 통하여 들어갈 때는 깨끗해 보이는 것 같지만 조금 있다가 방광을 통하여 나오면 더럽게 보인다. 그러나 그 물 자체에는 더럽고 깨끗한 것이 없다.

　또 그 물은 개울에 있다고 해서 적고, 바다에 들어간다고 해서 더 많아지는 것이 아니다. 그러니까 부증불감이다. 그러므로 거기에는 지혜롭고 어리석은 것이 따로 있지 않다. 그래서 무지역무득(無智亦無得)이라고 한 것이다. 우지(愚智) 득실(得失)이 없는 세상, 이 얼마나 편한 세상인가. 불교에서는 이 같은 무고안온(無苦安穩)의 세상을 열반(涅槃)이라 한다.

　이 열반의 마음은 부처님이라 하여 더 많고 중생이라 하여 더 작은 것이 아니라 똑같고 그것은 언제나 깨어있는 것이므로 무상정등정각(無上正等正覺)이다. 일체중생을 올바른 길로 인도하는 마음, 이 마음이 정등정각이요 도일체고액하여 무지역무득한 열반적정심, 그 마음이 무상정등정각이다. 그 이상 더 배우고 닦고 깨달을 것이 없는 마음이다. 그러므로 이 마음을 반야심(般若心)이라 하는 것이며 정각심(正覺心)이라 하는 것이다. 부처님은 반야심을 이룬 자며 정각심을 행한 자이다. 나와 네가 없는 혼연 일체의 세계, 세계와 내가 둘이 아닌 대동법계(大同法界)야 말로 태평성대를 이루는 문제인 것이다.

(2) 금강경의 진리(金剛經 眞理)

금강경은 반야심경보다는 훨씬 분량이 많다. 원래 반야경 계통의 경전이 여덟 가지나 된다. 그 가운데서 특히 우리에게 가장 많이 알려진 경전이 반야심경과 금강경이다. 금강경은 현재 한국불교의 주류라고 볼 수 있는 조계종·태고종의 근본소의 경전이 되어 있다. 이것은 다 우주 인생의 진리에 어두운 인생을 깨우쳐주는 좋은 법률이 될 뿐 아니라 특히 아상·인상·중생상·수자상이 많은 한국인에게 적절한 경전이기 때문이다.

금강경의 대의는 크게 서너 구절로 나누어 생각해 볼 수 있다.

첫째는 상을 버리고 여래가 되는 것이니 "범소유상 개시허망(凡所有相 皆是虛妄) 약견제상 비상 즉견여래(若見諸相 非相 卽見如來)라" 하는 대목이다.

"모양이 있는 모든 것은 다 허망한 것이다. 이렇게 모든 것을 허망한 것으로 보는 사람은 그 사람이 곧 부처님이라"는 말이다.

'모양이 있는 모든 것이 허망하다'고 하는 것은 변화무쌍(變

化無雙)하기 때문이다. 허망한 것을 허망하지 않다고 잘못 보면 이것은 사견이다. 사견이 없는 사람은 곧 부처님이므로 여래(如來)라 한 것이다. 여래란 "진리로부터 온 사람"이란 뜻이지만 진리로부터 온 사람은 즉시 진리 그 자체이므로 그대로 부처님이란 말이다. 허망한 것을 허망한 것으로 보는 사람은 집착이 없다. 집착이 없으면 걸림 없이 자유스럽게 행동하는 사람이므로 그 분은 부처님인 것이다.

교(敎)에서 "즉견여래(卽見如來)"를 곧 여래로 본다 해석하지만 선(禪)에서는 보는 사람이 곧 여래이므로 보는 사람이 곧 여래라 해석한다. 왜냐하면 여래를 본다고 하면 보는 자와 보는 것이 따로 떨어져 이중관(二重觀)이 되기 때문이다.

둘째는 "응무소주 이생기심(應無所住 而生其心)"이다. '응무소주 이생기심'이란 "마땅히 머무른 바 없이 마음을 쓴다" 하는 말이다. 머무른 바 없이 마음을 쓴다는 것은 조건 없이 마음을 쓴다는 말이다. 자동차 운전수가 길을 가다가 스톱사인이 있는 곳에 가서 선다든지 아니면 갑자기 사람이 나타나 스톱할 때는 이것을 "조건반사(條件反射)"라 하지만 불을 때다가 갑자기 뜨거운 김에 손이 데이게 되면 즉시 손을 들고 나오는데 이것은 "무조건반사(無條件反射)"라 한다.

그런데 지금 '응무소주 이생기심'이라 한 것은 무조건반사다. 이렇게 하여야 되겠다 저렇게 하여야 되겠다 조건을 달아서 하는 것은 유주기심(有住其心)이고, 착하나 착하지 않으나 미우나 고우나 일을 딱 당하게 되면 거기에 알맞게 적응하게 되는 것을 무주기심(無住其心)이라 한다.

가령 어떤 사람이 독화살을 맞았다고 하자. 독화살이 몸에 박혀 있는데 그 화살을 뺄 생각은 하지 않고 이 독화살은 누가 만들었는가? 무엇으로 만들었는가? 길이는 얼마고 넓이는 얼마인가? 이런 것을 낱낱이 따지고 있으면 그 동안에 몸속에 독이 퍼져 죽고 말 것이다. 이럴 때는 이런저런 생각 없이 화살을 먼저 쏙 빼어 내던지고 아픈 곳을 먼저 치료하여야 한다. 아무 곳에도 아무 것에도 집착 없이 지금 곧 그 자리에 충실하는 것이 응무소주 이생기심이다.

6조스님은 바로 이 글귀를 듣고 도를 깨쳤다. 나무를 하여 생계를 유지하던 스님이 16세 소년으로 나무를 팔러 어느 여관집에 들렀다가 어느 객스님께서 이 경 외우는 소리를 듣고 마음이 훤히 열렸다니 어떻게 훤히 열렸고, 깨쳤다니 무엇을 어떻게 깨달았다는 말인가. 나도 여기서 지금 '응무소주 이생기심'이란 말을 두세 번씩 하고 있는데 여기 듣는 분께서는 6조대사가 없는가. (하하하 – 대중이 웃었다) 6조대사가 되신 분은 한번 손들어 보아요.(대중은 서로 얼굴을 쳐다보며 얼굴을 붉혔다) 내 보니 모두가 6조인데 6조심이 아직 형성되지 않았을 뿐이다.

셋째, "약이색견아(若以色見我) 이음성구아(以音聲求我) 시인행사도(是人行邪道) 불능견여래(不能見如來)다" 하는 글귀다. 또 만일 겉에 나타난 색상을 보고 나라 하거나 나의 소리를 듣고 나라고 한다면 이 사람은 사도를 행하는 사람이라. "능히 여래를 보지 못한다"란 말이다. 부처님은 겉으로 나타나 있는 분이나 귀에 들리는 소리를 하는 분이 부처님이 아니고 그것을 움직이는 마음이 부처이기 때문이다. 그런데 모든 사람들은 겉모습을 보고 그 속심은 별로 생각하지 않는다. 내가 지금 여기서 이런 말을 하더라도 이것은 말이 말이 아니요, 소리가 소리가 아니다. 또 숭산행원도 숭산행원이 아니고, 속에 들어있는 승산행원을 보지 못한다면 백번 듣고 보고 하더라도 당신들의 실생활과는 아무런 관계가 없는 것이다. 다만 내 말과 모양을 통하여 사행(邪行)을 무너뜨리고 정행(正行)을 할 수 있는 길이 열린다면 그것이 오늘 법을 듣는데 얻어지는 보람이다. 그러니 법을 듣는 자는 마땅히 그 소리를 듣고 아는 자는 부처를 보아야 할 것이다.

넷째는 "일체유위법(一切有爲法) 여몽환포영(如夢幻泡影) 여로역여전(如露亦如電) 응작여시관(應作如是觀)이라" 하는 글귀이다. '일체유위법은 꿈, 허깨비, 물거품, 그림자 이슬, 번개와 같으니 그렇게 보라.'는 말이다. 조작된 모든 법은 꿈결처럼 변해가고 허깨비처럼 나타났다 없어지고 거품처럼 일어났다 스러지고, 그림자 같이 인과를 따르고 이슬처럼 허망하며, 번개처럼 번득거린다. 이렇게 볼 줄 아는 자라야만 몽환의 방편과 포영(泡影)의 기지(機智)와 노전(露電)의 수연행(隨緣行)으로 여래행을 할 수 있기 때문이다.

그러므로 금강경은 겉모습에 딸려 사는 모든 중생들에게 실속 있는 생활을 할 수 있도록 일러주신 반야대전(般若大典)인 것이다.

(3) 열반경의 대의(涅槃經 大意)

열반경은 부처님께서 열반에 드시기 이전 하루 낮 하루 밤 사이에 말씀하신 경전이다. 옛 사람들이 그 경을 대표할 만한 글귀를 다음 4귀로 뽑아 놓았다.

"제행무상(諸行無常) 시생멸법(是生滅法)

생멸멸이(生滅滅已) 적멸위락(寂滅爲樂)"

"모든 것은 떳떳함이 없다. 이것이 생멸법이다. 생멸이 멸하여 다하면 적멸의 낙이 된다." 하는 말이다. 이것을 열반경 4귀게라 한다. 무상에 대하여서는 소승불교에서 여러 번 설한 바 있다. 변천하여 상항성(常恒性)이 없다는 것이다. 상항성이 없다는 것은 끊임없이 났다 멸했다 났다 멸했다 하는 것이니 이것이 곧 생멸법이다.

만일 이 나고 죽고 나고 죽는 것이 다하여 다시는 나고 죽는 것이 없게 되면 참으로 평화로운 열반의 낙을 누리게 된다는 말이다.

그거야 당연한 말씀이다. 이 세상의 모든 고통이 무엇 때문에 오는가? 따지고 보면, 나고 죽는 것 때문에 온다. 그런데 그 나고 죽는 것이 이미 다 없어졌다면 무슨 고통이 있겠는가? 8풍(風)이 돈식(頓息)하면 진실로 걱정할 것이 없을 것이다.

옛날 6조대사 당시 한 지도스님이 어려서 출가하여 30년 동안 경전을 보고 다시 거기 10년 동안을 따로 열반경을 공부하였다. 그런데도 의심이 가시지 아니하였다 여러 곳으로 다니다가 마침내 6조대사를 만났다.

"스님, 열반경에 보면 '제행무상 시생멸법 생멸멸이 적멸위락'이라는 말씀이 있는데 앞의 두 글귀는 나고 죽는 것은 눈 앞에서 훤히 보는 것이라 의심이 없습니다만 뒤의 한 글귀는 의심이 없지 않습니다."

"어떻게 의심이 있느냐?"

"사람에게 있어서 두 가지 몸이 있는데 1은 법신이요 2는 색신입니다. 색신은 4대 5온의 구성이라 생멸이 있어 변하나 정이 없는 것이므로 괴롭고 즐거운 것을 알지 못하거니와 법신 또한 감정이 없는 것인데 어찌 생멸 없는 경계라 할지라도 돌덩이처럼 즐거움이 있다 해도 즐거움을 느껴 알 수 있 겠습니까?"

"그래, 그럼 누가 법신과 색신을 나누고 있는고?"

"부처님께서 설명하여 놓았습니다."

"그것은 경전의 말씀이고, 직접 이곳에서 지금 분별을 일으키는 것이 누구냐?"

"그 생각은 제가 한 것입니다."

"그렇다. 네가 지금 법신이니 색신이니 하는 분별을 일으키니까 생멸이 있는 것이지 만일 그런 생각을 일으키지 않는데도 생멸이 있겠느냐?"

"생멸이 없다면 정말로 조용해서 즐거운 것입니까?"

"그것이 곧 적멸위락이니라."

지도스님은 그 말 아래 도를 깨달았다. 문제는 바로 여기 있다. 분별심에 생사심이 따라다니기 마련이다.

그렇다면 오늘 내가 여기서 질문을 하나 하리라. 옛날 호암 스님이 수염이 많이 난 달마대사의 그림을 보고 제자들에게 말하였다.

"달마가 수염이 없도다."

분명 수염이 많이 나 있는 스님을 보고 수염이 없다고 하였으니 어찌하여 달마가 수염이 없다는 말인가. 수염이 있다고 하여도 이 방망이를 맞을 것이오 없다고 해도 이 방망이를 맞으리라.

(4) 법화경의 원리(法華經 原理)

법화경은 부처님께서 8년 동안이나 설하신 대승경전이다. 모두 7권 28품으로 되어 있는데 그 대의는 다음과 같다.

제법종본래(諸法從本來)
상자적멸상(常自寂滅相)
불자행도이(佛子行道已)
내세득작불(來世得作佛)

"모든 법은 본래부터
항상 스스로 적멸한 그 자리로부터 왔다
불자가 이 도리를 알면
즉시 그가 부처님이다."

그러면 여기서 본래부터 항상 스스로 적멸한 그 자리란 무엇인가. 이것을 원점(原點)이라 부르고 있다. 사실 이것을 원점이라 한다 하더라도 맞지 않는 말이지만 불가피 이름을 붙인다면 그렇게 붙일 수밖에 없는 것이다.

생각이란 교묘한 것이다. 한 생각만 일으켜도 벌써 원점과는 달라지니 말이다. 여러분들이 만일 이 법문을 듣는 가운데서 딴 생각을 낸다면 벌써 여러분과 나와는 10만 8천리가 차이가 나게 된다. 그러나 모든 생각을 끊고 청법일념(聽法一念)에 들어간다면 설법일념(說法一念)과 통일된다. 만일 듣는 생각 설하는 생각까지도 모두 모두 다 놓아버리면 놓아버린 그 자리가 그대로 부처님의 자리요 예수님의 자리요 하나님의 자리다. 여기에는 한국인과 미국인, 소련인, 중국인의 차별이 없다. 나는 중국인이다, 나는 미국인이다, 나는 한국인이고 소련인이다 생각하고 소련 사람 생각을 하니까 소련 사람이 되고 미국 사람이 되고 중국, 한국 사람이 된다.

공산주의도 마찬가지다. 똑같은 공산주의인데 중국공산주의와 소련공산주의가 다르고 폴란드공산주의와 북한공산주의가 다르다. 소련공산주의는 레닌공산주의이고, 중국공산주의는 주은래의 중화공산주의며, 폴란드공산주의는 자유공산주의이고, 북한공산주의는 김일성독재공산주의다. 왜 이렇게 달라지느냐. 공산주의를 믿고 실천하는 사람들의 마음에 차별이 있기 때문이다.

교황이 출생한 폴란드는 말만 공산주의로서 생산과 분배만 공산주의 식으로 할 뿐 미국과 조금도 다를 것이 없다. 들어가고 나가는 것도 자유이고 집회하고 말하는 것도 자유이고 글 쓰고 사랑하는 것도 자유다.

내가 7백년의 역사를 가진 카라카 대학에서 강의를 할 때, 그 큰 운동장에서 많은 학생 교수를 모아놓고 하는데도 집회 허가 하나 없이 하였다. 유독 북한공산주의만 유별난 공산주의다. 김일성의 머리에서 인민을 생각하는 것보다 자손의 세습을 생각하면서 짜낸 공산주의이기 때문이다.

그러나 이렇게 다른 생각들도 한 가지 견해만 없어지면 세계가 모두 하나가 될 수 있다.

어떤 사람이 나에게 와서 물었다.

"세계평화를 어떻게 하면 이룩할 수 있겠습니까?"

"평화를 이룩한다는 그 생각마저 놓아버려라."

말없이 돌아갔다. 그런데 그 뒤 그는 또 와서 물었다.

"우리들이 이 생각을 놓아버린다면 누가 세계평화를 이룩합니까?"

"모든 사람이 똑같이 놓아버린다면 세계평화는 저절로 오게 된다."

3배하고 물러갔다. 해도 안 해도 소용없는 걱정들을 사람들은 많이 하고 있다. 내가 안 하면 어떻게 할까? 걱정하기에 앞서서 모든 사람들에게 생각을 쉬게 하는 운동을 전개한다면 곧 그것이 평화운동이 될 수 있다. 모두모두 생각을 생각 없는 경지에 모이게 되면 그 세계가 곧 부처님의 세계요, 하나님의 세계이기 때문이다. 만일 그 세계에 들어가면 우주와 내가 하나가 된다. 바로 그 세계를 불교에서는 "적멸"의 세계라 한다. 아주 평화롭고 가장 행복한 극락세계이기 때문이다.

그런데 거기다가 적멸한 모양을 하나 더 붙인다면 적멸상이란 이름이 생기에 되는데, 화엄경에서는 그것을 법계라 하고, 열반경에서는 열반이라 하였으며, 금강경에서는 불성, 여래, 세존이라 각각 부르고, 기신론에서는 진여, 유식론에서는 마음이라 불렀다.

그러나 무엇으로 부르든지 그것에 속지 아니하면 상관없다. 이름과 모양 속에 그것이 들어있는 것은 아니기 때문이다.

불란서 파리에 가서 법회를 가졌는데 거기에 신부 세 분이 와 있었다. 원점 이야기가 끝난 뒤 그들은 저녁 초대를 하고 차를 마시면서 물었다.

"그 원점은 하나님의 창조와 어떤 관계에 있습니까?"

"창조 이전의 마음이다. 창조한다는 것은 벌써 한 생각을 일으킨 마음이기 때문이다."

"그러면 그 마음은 볼 수 있습니까?"

"명부득(名不得) 상부득(相不得)이다."

세 분이 함께 절하고 물러갔다. 화엄경에 초발심시변성정각(初發心是便成正覺)이라 한 것이 있다. 처음 발심한, 처음 깨달은 그 마음이 곧 부처의 마음이기 때문이다.

내세란 다음 세상이 아니라 분별삼아 굳어진 순간을 말하는 것이다. 얼마나 위대한 말인가. 이 세상에서 자기가 곧 부처요, 신이요, 보살이라고 갈파한 법문은 불교 밖에 다른 곳에서는 찾아볼 수 없다.

그러므로 불교를 "무상심심미묘법(無上甚深微妙法)"이라 하는 것이다. 이런 진리는 백겁 천생을 유전한다 할지라도 불법을 만나기 전에는 되지 않기 때문에 백천만겁난조우라 한 것이니, 오늘 여기서 보고 듣고 깨달은 진리를 혼자만 욕심 많게 갖지 말고 널리 전하여 부처님의 은혜에 보답하도록 노력하여야 할 것이다. 부처님의 은혜를 갚는 길은 전법도생으로서 사람을 깨우치는 일보다 더 큰 것이 없기 때문이다.

(5) 법성게의 도리(法性偈 道理)

법성게는 신라 때 의상대사(義相大師)가 지은 시다 30구절의 시로 대승 화엄경 사상을 통째로 표시한 철학이다. 그래서 이 시는 세계적인 시로 널리 알려져 있다. 그 가운데서 몇 구절을 보면 다음과 같다.

"법성원융무이상(法性圓融無二相)
제법부동본래적(諸法不動本來寂)"

이것은 우주와 나의 본 성품이 어떤 성격을 가지고 있는 것인가를 설명한 글귀다. '법성원융무이상'은 원융한 법성은 두 모습이 아니라는 말이고 '제법부동본래적'은 그러므로 모든 법은 본래부터 고요하여 동요가 없다는 말이다.

다시 말하면 "전기는 뜨겁다" 하면 "전기는 차다"라고도 말할 수 있다 전기에 온풍기를 꽂으면 더운 김이 나지만 전기에 선풍기를 꽂으면 찬 바람이 나기 때문이다. 또 "전기는 움직이지 않는다" 하면 "전기는 움직이지 않는다"라고 말할 수 있으니 움직이는 장치에 전기를 넣으면 즉시 움직이지만 움직이지 않는 곳에 전기를 넣으면 역시 전기는 고정되어 있다. 그렇다고 전기 자체가 변한 것은 아니다. 전기는 언제나 전기이되 그 작용을 따라 이와 같이 천차만별의 차이를 낼 수가 있다. 전기의 본성품이 원융하여 두 모습이 아니기 때문이다. 두 모습이 아니므로 두 모습을 나타낼 수 있는 것이다. 그렇지만 그 전심(電心)은 어느 곳으로 어떻게 흘러가든지 동요되는 바가 없기 때문에 모든 법은 본래부터 고요하여 동요하지 않는 것이라 한 것이다.

물도 마찬가지다. 비, 우박, 눈, 안개, 증기, 구름, 강, 바다 갖가지로 변하여도 그 가운데 들어있는 H_2O는 변질이 되지 않는다. 그러므로 비가 곧 물이요, 우박이 곧 물이며, 눈, 안개, 증기, 구름, 강, 바다가 곧 물인 것이다.

사람도 착한 사람, 악한 사람이 따로 있는 것이 아니라 악한 마음을 내면 악해졌다가 착한 마음을 먹으면 착해진다. 꼴을 따라서 형태가 각각 달라지되 그 마음은 변함이 없는 것이다. 그러므로 그 경지는 어떻다고 결정지어 말할 수 없으므로, "무명무상절일체(無名無相絶一切)" "증지소지비여경(證智所知非餘境)"이라 한 것이다. '무명무상절일체'란 이름과 모양이 없어 일체의 유위성(有爲性) 조작성(造作成)이 없어졌다는 말이고, "증지소지비여경"은 깨달은 바 진리나 상식적으로 아는 지식이 다른 게 아니라 곧 바로 그 원융한 법성의 경계 밖에 다른 것이 아니라는 말이다. 증지는 공부를 통하여 깨달은 지혜이고, 소지는 배움을 통하여 얻어진 지식이다. 그런데 그

지식과 지혜가 다른 데서 나온 것이 아니라 모두 일심의 소작이라는 것이다.

그러면 그것이 공간적으로 어떻게 존재할까?

"일중일체다중일(一中一切多中一)

일즉일체다즉일(一卽一切多卽一)"

"하나에 곧 전체가 들어있고 전체 가운데 하나가 들어 있으며 하나가 곧 전체고 전체가 곧 하나다."라는 뜻이다. 물이 곧 얼음이고 얼음이 곧 물이며, 티끌이 곧 산이고 산이 티끌이라는 말이다. 많은 티끌을 모으고 모으면 태산이 되고 태산을 낱낱이 부서뜨려 놓으면 티끌이 되고 만다. 그러므로 티끌이 곧 산이요 산이 곧 티끌이다. 물방울도 하나를 놓고 보면 물방울이 되지만 여러 개를 모아놓고 보면 강물이 된다. 그러므로 강물과 물방울은 즉해있는 것이다.

또 그것을 시간적으로 보면,

"무량원겁즉일념(無量遠劫卽一念)이요

일념즉시무량겁(一念卽是無量劫)이다."

"한 생각에 한량없는 겁이 들어있고 한량없는 겁이 곧 한 생각에 들어 있다"는 것이다. "겁"이란 불교에서 말하는 아주 오랜 세월의 시간을 말한다. 4방 60리 되는 성중에 겨자씨를 가득 채워놓고 인간의 시간으로 100년만에 한 번씩 와서 겨자씨 한 알씩을 가져가 그 성이 완전히 비우게 될 때를 일개 자겁(一芥子劫)이라 한다. 그러니까 그것을 인간의 시간으로 친다면 몇 10억만년이 되는 것이다. 몇 10억만년씩 되는 겁이 한량없이 많은 겁, 즉 수를 헤아릴 수 없이 많다고 하는 것이 무량원겁(無量遠劫)이다. 그렇게 오랜 시간이 곧 한 생각이다

대승불교사상(大乘佛教思想)

하였는데 도대체 이해가 잘 가지 않을 것이다.

그러나 이것은 티끌과 산, 물방울과 바다를 연관지어 생각하여 보면 능히 알 수 있는 것이다. 더욱 깊이 생각해 보고자 하면 다음과 같은 비유를 들 수 있다.

어떤 사람이 저녁을 먹고 친구를 따라 카페를 갔다. 어찌나 아름답고 고귀한 선녀들이 춤을 잘 추고 노래를 잘 하던지 완전히 거기 도취되어 밤잠을 잊었다. 한참 춤을 추고 있는데 친구가 와서 등을 두들겼다.

"야, 어서 가자. 출근시간이 되었다."

"뭐, 벌써 그렇게 되었어?" 하고 자리를 떴다.

그런데 그날 그는 그 자리를 떠나면서 그의 파트너에게 아무 곳에서 몇 시에 만나자고 약속하였다. 퇴근시간이 끝난 뒤 그는 부랴부랴 달려와서 정한 장소에서 기다렸는데 아직 그가 나오지 아니하였다. 어찌나 몸이 달았던지 일초가 여삼추(一秒如三秋)였다. 일분이 가고 2분이 간 뒤 5분만에 왔는데 그는 벌컥 화를 내면서,

"10년도 더 기다렸다. 더 조금 기다리다가는 너 때문에 죽겠다."

하고 팔짱을 끼고 갔다.

보라, 같은 시간인데 어제저녁 시간은 14시간이 "벌써"라는 말로 표시되었는데 여기서는 5분이 "10년"으로 표현되었다. 길고 짧은 것이 모두가 마음이다. 마음에 한 생각을 일으켜 멀고먼 시간관념을 일으키면 일념 속에 무량겁이 형성되고 무량겁 속에서도 딴생각 없이 지내면 일념이 곧 무량겁이 된다. 초초분분(秒秒分分)의 생각이 시시년년(時時年年)을 이루고 시시년년의 생각이 겁겁(劫劫)의 세월을 형성하는 것이므로

이렇게 하여 9세 10세가 서로서로 즉하여 있는 것이다.

이 얼마나 깊고 깊은 철학인가. 만일 거기에 생각이 끊어진다면 시간도 없고 겁도 없을 것이니 시간과 공간 역시 모든 것이 일심의 소현(所現)인 것이다.

그러니 시간에 속아 사는 사람, 공간에 속아 사는 사람이 얼마나 불쌍한 존재인가를 능히 짐작할 수 있다. 그러면 끝으로 화엄경 도리를 잠깐 설명하기로 한다.

(6) 화엄경의 사상(華嚴經 思想)

화엄경 사상은 무엇이든지 드는 것(擧)이 그대로 진리 아닌 것이 없다. 예를 들면 소승불교에서는 성내는 것이 가장 나쁜 것이라 하였는데 여기 화엄경에서는 성내는 것이 곧 진리라 하였다.

이게 무슨 소리냐? 어린아이가 손가락으로 창구멍을 자꾸 찢는다면 그 때 어른이 있다 큰 소리로 "이놈! 창구멍을 찢는 놈은 나쁜 놈이다." 화를 낸다. 그러면 그 아이가 다시는 창구멍을 찢지 않게 된다. 그대로 가만히 놓아두면 찢는 재미에 나중에는 사람을 찢고 지구를 찢는 악인이 된다. 그러므로 이런 때는 성내는 것이 진리다.

탐심도 마찬가지다. 아함 방등경에서는 탐심이 큰 병이라 하였는데 화엄경에서는 탐심이 진리라 설한다.

옛날 돈만 주면 좋아하는 선사가 있었다. 돈을 아무리 주어도 누구에게 돈 한 푼 돌려주는 것도 없는데 무조건 받아 어디다가 숨겨둔다.

"저 영감이 마누라가 생겼나, 자식을 낳았나, 아니면 해먹나, 마작을 하나?" 하고 아무리 살펴보아도 그런 일이 없다.

그러나 그에게 돈을 주면 너무도 천진난만하게 돈을 헤아리고 쌓아두기 때문에 더욱 돈들을 갖다 주었다.

그런데 그 뒤 약 30년쯤 있다가 갑자기 큰 바람이 불고 소나기가 쏟아지더니 한 동네가 다 떠내려갔다. 집도 없고 다리도 없고 살림도 모두 모두 잃었다. 그 때는 정부도 가난하여 어찌하지 못하던 시대인데 이 스님이 꼬깃꼬깃 모아온 돈 보따리를 내 놓았다 큰 농으로 돈이 하나 가득 찼다. 사람들은 그것을 갔다가 집을 짓고 다리를 놓고 살림을 장만하였다.

"그 스님이 돈에 미친 스님인 줄 알았는데 알고 보니 금년에 홍수가 날 줄 미리 알았던 게 아니야?" 하고 상찬하였다. 이런 때는 탐욕이 진리다.

그런데 소승불교와 대승불교의 차이점은 이 성내고 탐내는 것이 다 자기를 위해서 내는 것이 아니라 중생을 위해서 내고 중생을 위해서 씀으로 그것은 진리가 되는 것이다. 만일 자기를 위해 탐욕을 부리고 욕심을 낸다면 그것은 불법이 아니라 사도다.

음치(淫痴)도 마찬가지다. 색 좋아하는 사람치고 어리석지 않는 사람이 없으므로 음치라 하는데 화엄경 53선지식 가운데 바수밀녀 같은 이는 매음으로써 중생을 깨우쳐 도인이 되게 하지 아니했는가. 도살인 광액도아는 살생으로 불법을 깨닫고 이발사 아무개는 이발로써 중생들의 무명을 단전하였다.

그러니 이러한 살생, 도둑질, 간음은 간음 도둑질 살생이 아니라 적극적인 교화행이요 보살행이다.

그러므로 화엄경에

"약인욕료지(若人欲了知) 삼세일체불(三世一切佛)

응관법계성(應觀法界性) 일체유심조(一切唯心造)"

라고 하여 "누구고 삼세 모든 부처님을 알고자 하면 마땅히 법계성을 관하라. 일체가 오직 마음이니라." 한 것이다. 과거 현재 미래 부처님이 다른 사람이 아니다. 모두 자기 마음을 깨달은 자며 법계성을 관찰하였던 사람이다.

그러나 그렇다고 하여 그 마음 마음만을 입으로 주장하고 있다가는 큰 망신을 당할 때도 있다.

오래 전 해인사에서 박한영 스님과 권상로 선생을 초대하여 일대시교를 7일 동안 특강한 일이 있었다.

그 때 마지막 날 강의가 화엄경 강의가 되어 "일체유심조"란 말을 하고 "모든 것은 마음이니 마음 밖에 딴 도리를 구하면 안된다."고 하니 한 동자가 물었다.

"일체를 마음으로 짓는다 하니 마음으로 지은 일체는 눈으로 보고 귀로 듣는 자라 그의 전말을 알 수 있거니와 그 마음이라고 하는 마음의 시초는 어느 곳에서 연기되어 어느 곳으로 가는 것입니까?"

하니 그만 말이 꽉 막혀 버렸다. 그렇다면 오늘 여러분의 생각은 어떠한가. 말을 하는 자도 이 매를 맞을 것이어니와 말을 하지 않는 자도 이 매를 맞을 것이다. 말 아래 살핌이 있는 자라면 가히 법계성을 관한 것이 되리라.

(7) 업과 윤회의 실상(業及輪廻 寶相)

대승불교사상은 화엄경을 설함으로써 이미 끝이 났다. 그러나 요즘 사람들이 팔자타령들을 많이 하니 팔자에 대한 이야기를 조금하고 넘어가기로 하겠다.

"나는 왜 그 날 그 시간에 태어나 이런 과보를 받고 있는가?"

한탄하는 사람들이 많다.

그러나 이 세상엔 원인 없는 결과가 없다. 나무는 뿌리가 있어야 그 가지와 잎이 성장하듯이 인간에게도 여섯 개의 뿌리가 있다. 눈, 귀, 코, 혀, 몸, 뜻이 그것이다. 그래서 이 여섯 개를 6근(根)이라 부르는 것이다.

이 육근은 각기 그들이 접촉하는 세계가 따로 있는데 이것이 빛, 소리, 냄새, 맛, 감촉, 법의 6경(境)이다. 이 6경은 모두가 전생의 업진(業塵)에 의하여 4대색진(色塵)이 한데 엉겨 만들어진 것이므로 6진(塵)이라 부르기도 한다.

그런데 이 6근과 6진이 서로 대망(待望)하여 갖가지 작용을 일으키지만 그것을 인식하는 작용이 없으면 있는지 없는지 알 수 없게 된다. 그래서 눈이 색을 보고 알아보는 마음을 안식(眼識)이라 하고, 귀가 소리를 듣고 아는 마음을 이식(耳識)이라 하고, 코가 냄새를 맡고 아는 마음을 비식(鼻識)이라 하며, 혀가 맛을 보고 아는 마음을 설식(舌識), 몸으로 부딪쳐 보고 아는 마음은 촉식(觸識), 뜻으로 헤아려 보고 아는 마음을 의식(意識)이라 한다.

그런데 이 식이 모두 근기를 따라 나타난 것이므로 그 숫자가 여섯개라 6식(識)이라 부른다. 그래서 앞에서 설명한 근과 경과 식을 합하여 모두 18개의 경계가 되므로 18계(界)라 부르기도 하는 것이다. 사람이 세상을 살아가는데 이 18계의 경계를 여의고는 삶의 구실을 할 수 없다. 그러므로 각별한 재주가 있는 사람도 이 경계는 벗어나지 못한다.

단지 꿈의 세계는 다르다. 꿈은 이 6식에서 꾸어지는 것이 아니라 제7, 8의 영식에서 이루어지기 때문이다. 불교에서는 제7식을 마나식(末那識) 즉 분별식(分別識)이라 부르고 제8식은 아뢰야식(阿賴耶識) 즉 장식(藏識)이라 부른다. 마나식은 앞의 6식이 색을 보고 분별한 마음, 소리를 듣고 분별한 마음, 냄새 맡고 분별한 마음, 맛보고 분별한 마음, 감촉으로 인식한 마음, 분별로서 헤아렸던 마음을 낱낱이 제8장식 속에 컴퓨터화하여 저장한다.

그래서 사람이 잘 때나 죽게 되면 전 6식은 떨어져 활동을 중지하지마는 제7식과 8식은 중음신(中陰神)이라는 이름으로 계속 활동하게 되는 것이다. 무엇이고 한번 보고 생각한 것은 여지없이 기록되기 때문에 기록된 모든 것은 살아서나 잘 때 꿈을 통해서도 종종 나타난다. 그러나 보고 듣지 않은 것은 절대 나타나지 않는다.

강원도 산골짜기에서 태어나 절에 들어가 스님이 되어 중노릇하는 사람은 절에서 목탁치고, 신도를 맞고 불공을 드리는 꿈은 꾸어도 뉴욕 엠파이어 빌딩의 꿈은 꾸지 못하고 뉴욕에서 어느 목사의 아들로 태어나 어려서부터 교회만 다니면서 기도한 아이는 성장하더라도 목탁치고 염불하는 꿈은 꾸지 못한다.

6근이 구족하고 6경이 분명해도 6식이 시원찮으면 색맹이 되어 자동차 면허증을 딸 수 없게 되듯 보지 않고 듣지 않고 생각해 보지 않은 것은 절대 나타나지 않는다. 만일 나타났다면 그것은 전생의 업력이 남아있는 탓이다. 아이들이 슈퍼맨 꿈을 자주 꾸는 것은 만화나 소설, 상상을 통하여 슈퍼맨 노릇을 많이 해 본 까닭이다.

일본 오사까에 이명국이라는 친구가 있다. 교포연합회 부회

장으로 한국에 출입을 자주하였는데 한국에 오게 되면 내 방에서 자곤 하였다. 한번은 여러 사람이 그를 찾아뵙고 갔는데 며칠 있다가 그들 중 몇 사람이 찾아왔다. 방안에 앉아서 눈만 껌뻑거리고 있던 이 거사가 벌떡 일어서며
"미스타 김 안녕하십니까?"
하고 악수를 청하였다. 두 눈이 멀쩡한 사람도 한번 보아 알기 어려운 일인데 나면서부터 장님인 그가 어떻게 사람을 잘 알아보던지 옆에 있는 사람치고 놀라지 않는 사람이 없었다. 하도 기가 차서 물었다.
"이 거사님, 어떻게 당신은 사람들을 그렇게 잘 알아봅니까?"
"내 코가 세파트 코거든요."
"세파트 코라니요 ?"
"사람에 따라 각기 독특한 체취가 있습니다. 그런데 그 체취를 나는 잘 맡습니다. 사람의 에너지는 눈으로 80%를 소비하고 나머지를 5근이 소비하게 되는데 나는 눈이 없으므로 그 컴퓨터를 귀와 코에 배치함으로써 10년만에 처음 만나는 이도 그냥 냄새와 소리를 듣고 압니다."
하였다. 그러나 그는 어려서부터 색깔은 보지 못하였으므로 색깔이 있는 꿈은 꾸지 못한다고 하였다.
이렇게 컴퓨터에 기록된 인생작업의 결과는 3세에 그 과보를 받게 되는데 무겁고 거친 것은 현생에 받고(現報), 가볍고 세밀한 것은 내생에 받고(順報), 더 가볍고 느슨한 것은 내내생에 받고(順後報), 결정할 수 없는 것은 다음 연을 기다리며 시간을 정할 수 없다(不定報業). 모두 이것은 자기의 의지에 의하여 받는 결과도 있지만 과보를 주고받을 연이 나타나지

않아 현생의 것이 내생으로 가기도 하고 내생 것이 현생으로 오기도 하며 언제 받을지 결정할 수 없는 경우도 있다.

마치 먼 길을 여행할 손님이 비행기표를 사놓았으나 부득이한 사정으로 다음 비행기를 타도록 표를 바꾸기도 하고 또 비행기가 결항하여 다음 시간을 기다리는 경우가 있는 것과 마찬가지다.

그러면 그가 어떤 비행기를 어떻게 타고 어떤 세계에 나아갈 것인가 하는 것은 제8 아뢰야식의 창고 속에 들어있는 컴퓨터가 결정지어 준다.

가령 어떤 사람이 좋은 일을 열 가지 하였는데 금생에 다섯 가지를 받고 다섯 가지가 남아 있다고 가정하자. 또 나쁜 일을 다섯 가지 한 가운데서 3가지를 받고 두 가지가 남아있다고 하자. 그러면 그에겐 다음과 같은 업보 계산이 나온다.

$(+10)-(+5)=(+5), (-5)-(-3)=(-2), (+5)+(-2)=(+3)$

또 착한 일을 15개 한 사람이 5개만 받았다면 10개가 남는다. 그런데 악한 일을 30개 하여 5개만 받았다면 25개가 남게 된다. 그러므로 이 사람의 업보계산은 다음과 같이 결정된다.

$(+15)-(+5)=(+10), (-30)-(-5)=(-25), (+10)-(-25)=(-15)$

그런데 이처럼 업을 지어 받는 세계가 6군데가 있다. 지옥, 아귀, 축생, 인, 천, 수라 이것을 6도(途)라 한다.

천당은 선행이 20이상 되는 자가 나는 세계이고, 수라는 선행이 10이상 되는 자가 나는 세계이며, 인간은 선악이 중간 즉 0지대이고, 축생은 악이 10, 아귀는 악이 20, 지옥은 악이 30 이하 되는 사람이 태어나는 곳이다.

그러므로 A는 그 공식에 의하여 겨우 사람으로 태어나되 하류층의 인간으로 태어나는 것이고, B는 축생으로 나되 하류

층의 축생이 되고 마는 것이다. 하나면 하나, 둘이면 둘이 분명하여 눈썹 하나 속일 수 없는 것이 인과다.

인간이나 소, 돼지 같은 것은 태어날 때 그의 습관을 따라 태를 빌려나고(胎生), 새나 뱀 같은 것은 알로 태어나며(卵生), 박테리아 같은 것은 습으로 나고(濕生), 도깨비 같은 것은 변화하여 난다(化生).

그러므로 세상에 태어나는 자는 무엇보다도 업이 중요하다. 대자대비의 보살업을 지으면 보살로 태어나고, 선업을 쌓으면 복업을 받고, 악업을 지으면 고통을 받되 계속 같은 업을 반복하여 받으면 하나의 소질(素質)이 형성되어 습관을 이룬다. 나면서부터 음악을 좋아하는 사람, 미술을 좋아하는 사람, 운동을 즐기는 사람은 다 전생의 소질에 의하여 이루어지는 것이다. 이 소질이 바탕이 되어 연습을 거듭하면 훌륭한 선수가 되는 것이고 천재가 되는 것이다. 적업(積業)으로 소질을 쌓아가면서도 같은 업을 지은 사람들끼리 서로 통하면 동업(同業)이 되어가고 오는 길을 같이하게 되므로 같은 가족, 형제, 부모, 일가친척, 고향 사람이 되는 것이고 그렇지 못하면 아주 낯선 사람이 되는 것이다. 외국에 와서도 금방 사귀어지는 사람이 있는가 하면 가깝게 있으면서도 잘 사귀어지지 않는 사람이 있다. 다 이것은 동이(同異) 업력의 소관이다.

하나의 씨앗이 연을 따라 일어나면 결과는 그 가풍을 따라 저절로 수확하게 된다. 그러므로 만상(萬相)은 인연 따라 나서 인연 따라 멸한다. 마음이 나면 곧 법이 생기고 법이 나면 곧 모양이 생기며, 모양이 생기면 고생을 자초한다. 마음이 멸하면 법이 멸하고 법이 멸하면 모양 또한 멸한다. 모양이 멸하면 고통 또한 멸하는 것이니 일체의 모든 것은 마음으로 짓고 마음으로 받는다.

이것이 불교의 인과윤회설이고 업보차별설이다.

(8) 육도만행(六度萬行)의 보살사상

대승불교에서 한 가지 실천적인 문제를 뺄 수 없는 것이 6바라밀이다.

6바라밀이란 보시(布施), 지계(持戒), 인욕(忍辱), 정진(精進), 선정(禪定), 지혜(智慧)의 여섯 가지다. 이 여섯 가지 완덕(完德)을 실천하면 인간은 누구나 마음에 고통을 없애고 열반의 경지를 수용할 수 있다. 그래서 옛 사람들이 바라밀을 도피안(到彼岸)이라 번역하였다. 피안에 이른다는 말이다.

이 고통과 액난의 이 세상을 이 언덕(此岸)이라 한다면 극락의 저 세상을 피안(彼岸)이라 한다.

그러면 보시란 무엇인가? 물질적인 것이 되었건 정신적인 것이 되었건 힘을 따라서 남에게 조건 없이 베풀어 주는 것이다. 주는 마음을 가지면 간탐심이 제거되고 가난을 억제하여 끝없는 자구(資具)를 섭수할 수 있는 덕을 가진다. 그러므로 보시를 생각하는 사람은 눈, 귀, 코, 혀, 몸, 뜻을 통하여 모든 사람들을 즐겁게 해줄 수 있게 된 그것이 곧 보시다.

다음 지계는 윤리적 실천운동이다. 율(律)은 울타리다. 울타리가 있으면 도둑을 보호하게 된다. 도둑이 없으면 언제나 내놓고 살아도 편안하게 된다. 그러므로 계는 악업을 대치하고 몸과 마음을 청량하게 만들어 마음속에 핍박과 고뇌를 없애주는 것이다.

여기에 잘못을 지식(止息)하고 신심을 수호하는 섭률의계(攝律儀戒)가 있고 온갖 선행을 다 받들어 행하는 섭선법계(攝善

法戒)가 있으며, 한 중생도 버리지 않고 수호하는 섭중생계(攝衆生戒)가 있다. 섭률의계는 온갖 율행을 자기 예방적 입장에서 지켜나가는 것이고 섭선법계는 자기 율행이 곧 대사회적인 면에서 실천되는 것이며, 섭중생계는 이와 같이 제지하고 사회를 위하는 것이 모두 따지고 보면 중생을 위해서 하는 것이라는 것이다.

그러므로 결국 계율이란 중생을 위해서 지켜져야 하는 것이다. 소승에서는 자기를 위해서 계를 지키지만 대승계는 그와 반대가 된다. 사회와 대중을 위해서 계율을 지키는 것이다.

셋째 인욕은 잘 참는 것이요 용서하는 것이다. 원한을 참고 해를 끼쳐오는 것을 참고, 고통을 잘 이겨나가고 진리를 관찰하여 마음에 동요가 없이 살아나가는 것이다. 속에서 일어나는 일이나 밖에서 일어나는 일이나, 평등한 일이나 불평등한 일이나 그를 보고 잘 참고 이겨 마음에 성냄이 없이 그 마음을 편안하게 가지게 되면 이 세상살이에 어떤 핍박이 오더라도 고통이 없게 된다. 그러므로 인욕은 곧 성냄을 참는 일이요 원한을 용서하는 것이다.

넷째 정진은 한 마음으로 꾸준히 진리를 행하여 나아가는 것이다. 장애를 부수고 용맹정진으로 겁내는 마음이 없이 나의 이 노력이 모든 중생을 이익되게 하여야겠다는 굳건한 생각을 가지고 꾸준히 나아가는 것이다. 이렇게 정진하면 게으른 마음이 없어진다.

다섯째 선정은 고요히 생각하는 것이다 자기와 세계의 깊고 깊은 곳을 붙들어 잡고 깊이깊이 생각하여 흔들림이 없이 하는 것이다.

임진왜란 때 황해도 구월산 패엽사라는 절에 한 스님이 있었다. 젊은 스님들은 모두 피난가고 혼자 법당에 앉아 좌선하고 있었는데 왜놈들이 들어와서 몸을 흔들어 보고 코를 쑤셔 보고 눈을 만져 보았다 살기는 분명 살아 있는데 동요함이 없으므로 머리 뒤에다가 총을 세우고 공포를 한 방 쏘았다. 이 광경을 보고 있던 군인들도 모두 놀랐는데 스님만은 동요가 없었다.

"난데스까?"

하고 고개를 갸우뚱하며 자기 앞으로 접근하는 군인을 보고 스님은 그대로 외쳤다.

"할!"

어찌나 크게 소리를 질렀던지 앉아 있던 사람이나 서서 있던 사람들이 모두 놀라 뒤로 자빠졌다. 그 때 대장이 앞으로 나오며,

"도인을 몰라보고 희롱해서 죄송합니다."

사과하고 물러갔다. 이와 같은 선정은 자성(自性)을 반조(返照)하는 가운데서도 일체에 흔들림이 없이 어려움을 참고 나아가는 것이다. 선정이 있으면 마음에 혼란이 없어지고, 속마음이 잘 정돈된다. 그리하면 다시는 번뇌가 일어나지 못하여 마음에 안정을 얻으므로 전후 좌우에 관계없이 언제나 편안한 마음을 갖고 살 수 있다.

끝으로 지혜는 어리석음을 대치하는 약이다. 제법의 실상을 훤히 깨달아 마음속에 수면(睡眠)을 없애고 언제나 깨어있다. 사람의 몸 속에는 백피질, 흑피질이 있고 그 사이에 간뇌와 중추신경이 있어 모든 것을 조절하고 있다. 중추신경은 눈·귀·코·혀·몸이 빛·소리·냄새·맛·감촉을 하는 기관이고, 간뇌는 상상, 사유를 하는 제6식이며, 백피질은 시비선악

을 논하는 분별 사량식인 제7식이다. 그리고 흑피질은 제8아뢰야식으로서 모든 습관을 저장하는 창고다. 이 가운데서 하나만 고장나도 정상적인 사람노릇은 하기가 힘들다. 그런데 백피질이 자기를 중심으로 방향감각을 잡고, 먹고 싶다, 입고 싶다, 자고 싶고, 쉬고 싶다 하는 동물적 욕구를 가지는 것인데 이것의 말만 듣고 가다가는 함정에 빠지기가 쉽다. 그러므로 공부하는 사람은 이것보다는 제8식 흑피질의 명령을 따라 바른 길로 조건반사를 계속해서 해나가게 되는 것이다. 지혜란 이 모든 것을 훤히 살펴보고 우주창조 이전의 하느님 자기 선악이전의 자리를 발견하여 분별없는 지혜로서 분별세계를 잘 분별해 주는 마하반야(摩訶般若)를 말한다.

우리 스님의 이름이 고봉스님이고 그 스님의 스님이 만공스님이다. 고봉스님이 늘 술을 좋아하여 실수를 종종 저지르는데 술만 마시면 노스님을 욕한다.

"만공, 만공 그게 무슨 도인이야. 알기는 개떡을 알아."

하고 큰 소리로 욕을 한다. 그래도 스님은 그런 말을 들었을 뿐 직접 보지는 못하였는데, 하루는 그의 방 앞을 지나가다가 욕하는 소리를 들었다. 안 들어갈 수가 없었다. 만공스님은 고봉 방에 들어가,

"고봉, 자네가 왜 내 욕을 하는가. 내가 자네한테 뭐, 잘못한 게 있는가?"

술에 취해 코가 삐뚤어질 정도로 되어 개걸대던 상좌 고봉이 곧 정색을 하고 나더니,

"스님, 내가 스님에게 무슨 욕을 했습니까. 왜 스님에게 욕을 합니까?"

하고 대든다.

"아니, 자네가 지금, '만공 그 놈이 무슨 도인이야' 하고 야단치지 않았는가?"

"그거야 만공한테 욕한 것이지 스님한테 욕한 것이 아닙니다."

"허. 많이 취했구먼. 어서 자게."

하고 자리를 펴주고 갔다. 도인은 술 속에서 지혜겨룸을 한 것이다. 그는 술을 좋아하고 부인을 거느리며 살고 절 생활을 걸림 없게 하였지만 누구고 그 스님 보고 도인 아니라고 말하는 사람은 없었다. 일체 모든 행이 중생을 위해서 법대로 살아간 스님이기 때문이다.

이와 같이 대승불교를 행하는 사람은 베푸는 마음, 중생을 지키는 마음, 용서하고 노력하는 마음, 흔들림 없이 반성하고 지혜로운 마음으로 이 세계와 인생을 지도해 나가는 것이다.

그렇게 하면 보시, 지계, 인욕을 통하여 복덕자량이 구족해져서 유정중생을 널리 이익 되게 하는 복덕자량을 얻게 되고, 정진, 선정, 지혜를 통하여 지혜자량을 구족하여 삿된 번뇌를 대치하고 불교적 인간상을 구비하기 때문이다.

그런데 춘원 이광수 선생은 6바라밀을 실천하는 마음의 자세에 대하여 다음과 같이 설명하고 있다.

보시 … 님을 향하여 무엇이고 주고 싶은 마음

지계 … 님에게 그 깨끗하고 청정한 모습을 보여주고 싶은 마음의 자세로,

인욕 … 어렵고 괴로운 일을 님에게 보여주고 싶지 않은 자세로 잘 참고 견디어 나간다.

정진 … 어떻게든 노력하여 님의 목적을 달성시킬 수 있게 하여야겠다는 마음

선정 … 님의 마음을 편안하게 하기 위하여 내 마음에 흔들림이 없이 마음을 가지는 것처럼,

지혜 … 시비곡직을 분명히 하여 님이 삿된 길에 빠지지 않도록 하는 것과 같은 마음의 자세로,

처음 만난 애인이 오직 그를 위하여 몸과 마음, 모든 것을 다 바치는 자세로 일체중생을 향하여 바라밀을 행하면 이것이 곧 대승보살의 6도만행이라 하였다.

참으로 거룩한 말이다.

그럼 이것으로써 소승불교와 대승불교의 교의는 대강 설명하여 마치고 다음부터서는 선불교의 강좌를 시작하겠다.

참선불교(參禪佛敎)

1. 참선불교의 특징(參禪佛敎 特徵)

앞에서 교에 대한 이야기를 여러 시간 하였다. 소승불교는 귀납적(歸納的)이요 체(體) 불교이고, 대승불교는 연역적(演繹的)이며 용(用)의 불교다 하고 모두가 관법을 통하여 무상 무아를 깨닫고 제법실상을 깨달아 6도만행을 하여야 된다고 하였다.

그러나 참선불교는 그런 것과는 거리가 멀다. 남을 위하여 백번 좋은 일을 하고 만번 나쁜 일을 하지 않는다 하더라도 자기를 깨닫지 못하면 인과에 걸려 아무 소용이 없기 때문에 자기를 깨달으라 하는 것이다.

그러기 때문에 참선불교에서는

"입차문내(入此門內)하면 막존지해(莫存知解)하라."

한다. 이 문에 들어오거든 아는 생각을 내지 말라는 말이다. 불교는 어떻고 조교(祖敎)는 어떻고 선은 어떻고 악은 어떻고 6도만행은 어떻고 업과 윤회는 어떻고 아함경·방등경·화엄경·열반경은 어떻고 법화경·금강경은 어떻다고 백번

이야기해 보아야 실제 자기에겐 일 푼의 도움도 되지 않기 때문이다. 오히려 불교를 통하여 자기와 마음만 어지럽게 할 뿐이기 때문이다. 그래서 부처님께서도 45년 설법 후에는

"내가 녹야원으로부터 발제하에 이르기까지 한 마디 한 바가 없다."

고 선언하신 것이다. 그것은 모두 사람의 마음을 바로 가리켜 제 마음을 깨닫게 한 것에 불과하기 때문이다.

그러므로 선에서는

"불립문자(不立文字) 교외별전(敎外別傳)"

이라 한다. 문자를 세우지 않고 또 그 문자에서 가르치는 진리 즉 마음만을 전할 뿐인 것이다.

그러면 그 가르침 속에 들어 있는 마음을 깨닫는다면 어떻게 되는가. 바로 자기를 알고 부처가 되는 것이다. 이것을

"직지인심(直指人心) 견성성불(見性成佛)"

이라 한다. 왜냐하면

"불설일체법(佛說一切法)은 위도일체심(爲度一切心)"

이라. 부처님께서 설하신 일체법이 모두 일체심을 제도하고자 하는 데 있기 때문이다.

그런데 만일 그 일체심이 없다면 어느 곳에 일체심을 쓰겠는가. 그러므로

"약무일체심(若無一切心)이면 하용일체법(何用一切法)이라"

고 한 것이다. 만일 일체심이 없다면 어느 곳에다 일체법을 쓸 곳이 있겠는가 하는 말이다.

한 생각 놓아 버리면 부처와 내가 하나고 하늘과 땅이 하나며 중생과 내가 둘이 아닌 도리를 깨닫게 된다. 그 때에는 모든 것이 나 아닌 것이 없고 너 아닌 것이 없다. 나 내 것을

따져 무엇을 할 것인가?

옛날 일지두(一指頭) 구지(俱胝)선사가 있었다. 일찍이 출가하여 칠구지불모대준제 보살님의 주문을 읽고 총명을 얻어 22세에 전강을 받고 소년강사로서 이름이 높았다. 사미(沙彌), 사집(四集) 사교(四敎)는 중강(中講)들에게 맡기고 자기는 대교(大敎)와 수의과(隨意課)만 담당하여 가르치는데 글을 새기고 뜻을 음미하는 맛이란 형언할 수 없었다. 그래서 그는 때로 자기 무릎을 치며 불교의 적적대의를 크게 칭찬하기도 하고 혼자 자다가 웃기도 하며 조상들의 기발한 아이디어를 상찬하기도 하였다.

그런데 하루는 대경(大經)을 가지고 나무 그늘 밑에 앉아 보고 있는데 한 비구니가 삿갓을 쓰고 육환장(六環杖)을 짚고 와서 자기 주위를 세 번 돌더니 정면에서 질문이 있다 하였다. 무슨 질문인지 물으라 하였더니 한마디로 서서 물었다.

"강사스님께서 부처님 말씀이나 조사님 말씀을 학생들에게 가르치고 계신다는데 그 불설 조어 말고 스님의 말씀을 한마디 듣고 싶습니다."

하였다. 발 뒤꿈치부터 머리끝까지 꽉 차 있는 것이 자기의 법문은 하나도 없고 조사의 법문이고 부처님의 설법인데 이것을 빼어버리고 나면 털털거리는 깡통이라 무엇 한마디 나올 말이 없었다. 이리 돌아보고 저리 돌아보아도 한마디 할 말이 없어 얼굴을 붉히고 그만 대답을 못하였다. 비구니는 말없이 돌아섰다. 구지선사가 물었다.

"스님의 스승은 누구요?"

"천룡(天龍)스님입니다."

한마디 남기고 비구니는 돌아가버렸다. 생각하니 앵무새 녹음기처럼 부처님 말씀을 잘 외우고 잘 가르쳤으나 자기 말은 한마디 할 줄 몰랐으니 바보도 그런 바보가 없었다. 북과 종을 치고 500대중을 모으고 선언하였다.

"오늘 나는 실제(實際)비구니라는 천룡스님 제자에게 보통 망신을 당하지 않았다. 이런 망신 덩어리가 무엇을 안다고 글을 가르치겠는가. 대중은 돌아가서 눈 밝은 스승을 찾아 공부하라."

대중들은 청천벽력과 같은 강사스님의 말씀을 듣고 가슴이 철렁 내려앉았다. 그러나 이 스님은 아무 말 없이 작은 골방에 쇠를 채우고 들어앉아 어느 누구도 출입을 못하게 하였고 다만 어린 시자를 시켜 창구멍으로 먹을 것을 들여보내 달라 하였다.

세월은 흘러 몇 년이 지나는 사이에 학인들은 모두 흩어져 간 곳이 없었고 간간히 신도들만 찾아 문안코자 하였다. 그러나 스님은 어느 누구도 대면하지 않고 대문까지 꼭 잠가 버려 폐사(廢寺)지경에 다다랐다.

그런데 하루는 문밖에서 대문을 두들기는 소리가 요란하였다. 시자가

"우리 스님께서 공부 중이니 안 된다."

고 하였으나 극구 대문을 박차고 들어오려 하였다. 너무 소란하여 앉았던 스님이 일어나 나가서 물었다.

"도대체 누구인데 이런 소란을 피우고 있소?"

"난 천룡이오."

"예?"

하고 스님은 문을 열어 드렸다. 실제비구니의 스님, 천룡 큰 스님께서 직접 찾아오신 것이다.

"스님께서 어떻게 여기까지 오셨습니까?"

"내 말을 들으니 우리 실제비구니가 쓸데없는 말을 하여 강원을 폐지하고 학인이 다 흩어졌다 하여 사실인가 확인하러 왔소이다."

"사실입니다. 그러나 스님 불조의 법어를 다 빼놓고 나의 말을 한 말씀 하신다면 어떻게 하시겠습니까?"

스님은 아무 말 없이 손가락 하나만 쓰윽 들었다. 그런데 그 손가락을 보고 구지스님은 대도를 깨달았다.

"스님 감사합니다. 천재일우(千載一遇)의 스승이십니다."

하고 헤어졌다. 그 뒤부터 구지스님의 마음은 어느 한 곳에도 구름이 핀 곳이 없었다. 누가 무엇을 묻던지 손가락 하나면 해결되었다.

"불법이 무엇입니까?"

하여도 손가락 하나요,

"조사가 무엇입니까?"

하여도 손가락 하나이며, 업보가 무엇이며 6바라밀이 무엇이고 소·대승불교가 무엇이냐 하여도 오직 손가락 하나만 들 뿐이었다. 그런데 이 손가락을 보는 사람은 그 뜻이 무엇인가를 확실히 알고 가게 되었으니 신통한 일이었다. 그래서 구지스님의 별명이 이제는 일지두 스님이 되고 말았다.

하루는 스님께서 외출하시고 계시지 않는데 장승만한 객승이 한 사람 찾아왔다.

"스님 어디 가셨습니까?"

"외출하셨습니다."

객승은 숨을 내쉬며 박복한 것을 한탄하였다. 몇 날 며칠을 두고 벼르고 별러 찾아왔는데 뵙지 못하게 되니 참으로 섭섭

하다는 말이었다. 상좌가 물었다.
"무슨 하실 말씀이 있습니까?"
"불법의 대의를 묻고자 해서입니다"
"그렇다면 나에게 물으십시오. 그까짓 것이라면 걱정 없습니다."
하고 이 아이는 스님의 장삼을 입고 주장자를 짚고 스님자리에 높이 올라앉았다.
생각하면 어처구니없는 일이었으나 법을 물으러 와서 법을 말해 주겠다는데야 별 도리가 없었다.
스님도 정색을 하고 큰 절을 세 번 하였다. 그리고 물었다.
"어떤 것이 불법입니까?"
행자는 말 한마디 없이 스님 하는 식으로 손가락 하나만 불쑥 올려보였다. 그런데 그 스님은 그것을 보고 역시 불법의 적적대의를 깨닫고 "감사하다" 인사하고 떠났다. 가다가 다행히 길가에서 진짜 구지스님을 만났다.
"스님 안녕하십니까?"
"어떻게 왔다 가시오?"
"법을 물으러 왔다가 행자에게 법을 잘 듣고 갑니다. 감사합니다."
도대체 이게 어찌된 일인지 알 수 없었다. 다만 이놈이 내 흉내를 낸 게 틀림없다 생각하고 와서 물었다.
"네가 법을 말한 일이 있느냐?"
"예. 그까짓 법이야 스님 하시는 대로 하면 되지요, 뭐."
"그래. 그렇다면 내가 너에게 묻겠다."
"어떤 것이 불법이냐?"
이 아이가 잡자기 손가락 하나를 들었다. 그 때 스님은 미리 준비하였던 주머니칼로 그 손가락을 싹뚝 잘라버렸다. 아이는 놀라 도망쳤다. 저만큼 도망치는 아이를 불렀다.

"동자야!"

아이는 "예" 하고 돌아보았다. 그 때 스님께서 손가락 하나를 불끈 들어보였다. 순간 아이는 도를 깨달고 스님 앞에 큰절을 하였다.

그가 깨달고 전한 것이 무엇인가는 그가 아니고서는 알 수 없는 일이다. 단지 그들은 전래로 내려오는 지해종법(知解宗法)을 쓰지 않고 자기 체험으로 문자도 배움 없이 교외별전을 한 것이다. 바로 사람의 마음을 가리켜서 부처가 되게 하고 부처가 되었으니 이것이 선불교다.

이미 그 깨달은 경지에는 이런 마음 저런 마음이 하나도 남음이 없었으니 만일 한 마음도 없다면 어느 곳에 불설일체법을 쓸 필요가 있겠는가? 부처님의 설법은 약방문이라 병이 있는 자에게는 필요한 것이다. 그러나 이미 병이 없는데 긁어 부스럼을 낼 필요는 없는 것이다.

스스로 그 마음을 깨달아 자기를 알지언정 남을 알려고 애쓰지 말라. 내가 나를 알면 남도 저절로 알게 되고 내가 너를 제도하면 남도 따라서 제도하게 되는 것이 참 선불교다.

이와 같이 소승불교는 시간적 불교로서 연기론을 중심으로 계란과 닭과의 관계를 밝히는 학문이고, 대승불교는 공간적 불교로서 실상론으로서 그 요소가 어떻게 존재하는가를 밝히고 있는데 대하여, 선은 초시간적 초공간적 직관론으로 누가 연기를 일으키고 실상을 보느냐 하는 문제를 간파한다.

다윈의 진화론은 연기된 이후의 일이므로 인연론과는 다르다. 카메라로 영화를 만들어 스타워즈(우주전쟁)를 만들며 일분 동안 380번 필름을 회전하여 움직이는 것 같은 영화를 만든다. 자동차가 달리는 것은 3백분의 1초, 5백분의 1초로 잡은 것이고 총알이 날아가는 것은 3만분의 1초로 잡는 것이나 그것은 결국 렌즈의 명암을 따라 나타난다. 모두 이것은 연기론적인 면에서 관찰 실험하는 것들이지만 실제 참선을 통하여 무한대의 1초를 본다면 이것은 전혀 시간이 흐르지 않는 영상을 형성하게 될 것이다. 만일 이 입장에서 모든 것을 보면 보고 듣고 깨닫고 아는 것 자체가 모두 진리 아닌 것이 없게 된다. 진리대로 보고 진리대로 살고 진리대로 행할 수 있는 불교를 깨닫는 것, 이것이 참선불교다.

2. 선의 분류(禪分類)

선을 배우는 데도 배우는 사람의 마음을 따라 여러 가지 선으로 구별할 수 있다.

규봉종밀선사는 선원제전집도서(禪源諸詮集都序)라는 책에서 선의 종류를 다음과 같이 다섯 가지로 구분하고 있다.

첫째는 외도선(外道禪)이니 위로 올라가기를 좋아하고 밑으로 내려가기를 싫어하여 닦는 선이다. 마치 요즘 기독교인들이 연옥에 들어가기를 두려워하고 천당에 태어나 가기를 좋아하는 것과 같이 닦는 선이다.

둘째는 범부선(凡夫禪)이니 기능을 위해서 닦는 선이다. 참선을 하면 머리가 좋아지고 글씨를 잘 쓰고 건강이 좋아지고 사업이 잘 되고 모든 재액(災厄)을 소멸할 수 있다고 하여 닦는 선이다. 대개 이 근래 미국에서 유행하고 있는 선은 이 두 가지 선이 주류를 이루고 있다. 요가도 마찬가지로 정신에 바탕을 둔 육체운동이라고는 하지만 모두 이것은 현실적 이득을 위해서 구하고 원하는 선이다.

셋째는 소승선(小乘禪)이니 앞에서 말한 바와 같이 무상 무아를 관하고 부정관을 하여 세상을 멀리하고 열반을 구하는 선이다. 말하자면 시끄러운 것을 싫어하고 고요한 것을 즐기는 선이다.

넷째는 대승선(大乘禪)이니 법체의 유·공(有·空)을 관하고, 무상개공(無相皆空)을 관하며, 중도(中道)·실상(實相)·무애(無碍)·진(眞)을 관하는 선이다.

그러므로 이상의 모든 선은 관하는 자와 관하는 것에 차별이 있고 구하는 자와 구하는 것에 대한 구분이 있다.

끝으로 최상승선(最上乘禪)은 여래청정선(如來淸淨禪)으로서, 이것은 관하는 선이 아니라 그대로 깨닫는 선이다. 물(物)을 깨닫고, 마음을 깨닫고, 그 깨달은 마음을 깨달아 이 세상 어느 것에도 매달리지 않는 선이다.

그런데 여기 세 가지가 있다.

하나는 의리선(義理禪)이고, 둘은 여래선(如來祥)이고, 셋은 조사선(祖師禪)이다.

여기 하나의 지팡이와 책과 사람이 있다고 하자. 갑자기 큰 불이 나서 모든 것을 다 태워 버렸다. 워낙 많이 탔기 때문에 거기에는 지팡이도 사람도 책도 찾아볼 수 없게 되었다. 그것은 성품이 같으므로 모두 똑같이 흔적이 없어져 버렸다. 그러나 그 재가 땅에 뿌려져 채소에 가면 채소가 되고, 나무에 가면 나무가 되어 채소에 들어간 것은 또 사람의 입을 통해서 사람 속에 유전하였다가 사람 몸이 되고 나무에 간 것은 나무가 되었다가 다시 지팡이가 되기도 하고, 그것이 펄프 회사에 들어가면 종이가 되어 나온다. 사람이 되고, 지팡이가 되고 종이가 되는 것은 이름뿐이고, 그 내용을 살펴보면 다르지 않다. 이 다르지 않는 이치를 확실하게 깨닫고 알면 의리선을 성취한다. 반야심경에서는 그것을 색이 곧 공이고 공이 곧 색이라 하여 "색즉시공 공즉시색"이라 하고 있다.

어떤 학생이 선생님께 물었다.

"선생님께서 이 세상 모든 것은 모두 일백 아홉 가지 원소에 의하여 이루어진다고 하는데 그 일백 아홉 가지 원소는 어디서 나옵니까?"

"무(無)에서 나온다."

"무에서 어떻게 유(有)가 형성됩니까?"

"유교에서는 무극(無極)에서 태극(太極)이 나오고, 태극에서 음양이기(陰陽二氣)가 나오고, 이기에서 오행(五行)이 나오고, 오행에서 팔괘(八卦)·육십사괘(六四卦)등이 나와 만물을 형성한다 하였다."

"그러면 그 무는 어디서 나왔습니까?"

"……"

할 말을 잃었다. 아마 기독교인 같으면 하나님에게서 나왔다고 할 것이다. 그러나 이 분은 과학자이기 때문에 거기서 막히고 말았다.

고려대학교에 다니는 한 학생이 화계사를 찾아왔다. 갑자기 와서 절도 하지 않고, 앉지도 않고 대뜸 물었다.

"스님, 내가 지금 바로 서 있습니까, 거꾸로 서 있습니까?"

"그거야 네가 더 잘 알겠구나. 너는 바로 섰다고 생각하느냐, 거꾸로 서 있다고 생각하느냐?"

"색즉시공이요, 공즉시색이라, 바로 선 것이 거꾸로 선 것이고, 거꾸로 선 것이 바로 선 것입니다."

"무엇이 그것을 알았느냐?"

"마음이 알았습니다."

"마음이 어디 있는데?"

말이 꼭 막혀 버렸다. 이런 때는 아는 것이 병이다.

원래 이 학생은 버스를 타고 가다가 지게꾼이 지게를 받쳐 놓고 있는데 옆 사람이 잘못하여 작대기를 발로 찼으므로 거꾸로 넘어진 것을 보았다. 그 뒤로 사람이 어떻게 그렇게 넘어지느냐 생각하다가 지구덩이가 둥근 것을 생각하게 되었다. 지구덩이가 둥글다면 동양 사람이 바로 서 있다면 서양 사람은 거꾸로 서 있을 것이고 서양 사람이 바로 서 있다면 동양 사람은 거꾸로 서 있을 것인데 어느 것이 바로 서 있는 것이냐는 생각이 치밀어 한 때는 잠도 제대로 자지 못하고 고민하게 되었다.

그런데 그 때 친구가 와서 보고,

"네 얼굴이 왜 그리 노랗게 떠 있느냐, 실연이라도 당하였느냐?"

하고 물었다. 사실대로 이야기 하니,

"그렇다면 조계사로 가 보라."

하였다. 조계사에 갔더니 마침 그 때 전진한(錢鎭漢) 선생이 반야심경을 강의 하는데 "색즉시공 공즉시색"이라는 말을 하여 어쩌면 자기 생각과 일치되는 것 같더라는 것이다. 그래서 화계사까지 쫓아 왔다는 것인데 알기는 알았으나 이는 그 놈에게 꺼꾸러져 있었다. 이는 그 놈까지도 마저 넘어지게 되면 구름 한 점 없는 맑은 하늘과 같고, 파도 없는 바다와 같아서

천하만상을 그 가운데 소소역력하게 비추어 줄 수 있다. 이것을 불교에서는 대원경지(大圓鏡智)라 한다. 큰 둥근 지혜의 거울이라는 말이다. 좋으나 나쁘나, 크나 작으나, 생각대로, 나타나는 대로 그대로 비추어 주는 마음이다. 여기에는 사(邪)도 없고, 미(迷)도 없다. 오직 옳고 바름만이 있을 뿐이다.

이와 같이 색도 없고 공도 없는 경지의 원점선(原點禪)을 여래선이라 하고, 없는 가운데서 묘하게 나타난 현상세계를 있는 그대로 보는 선을 조사선이라 한다. 말하자면 산과 물도 보지 않고 높고 낮은 것도 보지 않는 것은 여래선이고, 산은 높고 물은 낮고, 하늘은 푸르고, 땅은 누른 것을 있는 그대로 보는 것은 조사선이다.

이와 같이 색즉시공 공즉시색의 선과, 무색무공의 선, 실상묘법의 선을 자유자재로 굴리며 인생을 걸림 없이 살아가는 사람은 여래청정선을 하는 사람이라고 한다.

3. 불립문자(不立文字)

선이 문자를 세우지 않는다는 것은 문자를 배우지 말고 보지 말라는 말이 아니다.

불교 공부를 해 가는 과정에 네 가지 방법이 있다.

첫째는 간경문(看經門)이니 경을 보아서 마음을 깨달아 가는 문이고,

둘째는 염불문(念佛門)이니 염불로써 마음을 깨달아 가는 문이고,

셋째는 진언문(眞言門)이니 진언을 외워서 마음을 깨달아 가는 문이고,

넷째는 참선문(參禪門)이니 참선을 통해서 마음을 깨달아 가는 것이다.

그러니까 경을 보고 부처님을 생각하고 진언을 외우고. 화두를 가지는 것은 각기 달라도 마음을 깨닫는 것은 마찬가지다. 단지 문자에 집착하면 경을 보는 것이 아니라 글을 보는 것이 되고, 염불하는 것도 소리와 이름, 모양에 집착하면 염불이 아니다. 진언·참선도 마찬가지요, 참선을 하는데 참선 진언에 집착하면 그것은 참선 진언이 아니라 마치 달을 보려 하는 사람이 달을 가리키는 손가락에 집착하여 달을 보지 못하는 것과 같기 때문이다.

강원도 금강산 장안사에 한 미련한 중이 살았다. 아무리 공부를 하여도 하나를 외우면 둘을 잊어버리고 둘을 알면 하나를 잊어 버려 영원히 학문공부로서 출세시킨다는 것은 틀렸다. 하는 수 없이 스님이

"너는 글 공부는 그만 두고 염불이나 하라."

하면서 아미타불을 가르쳐 주었다.

"아미타불만 계속해서 외어라. 그리하면 극락세계에 갈 것이다."

미련한 중이라 큰 스님이 시키는 대로 아무 생각 없이 계속해서 아미타불만 불렀다. 그런데 그렇게 아미타불을 부르기 10년이 되는 날, 스님은 그를 불러 심부름을 시켰다

"너 이 편지를 경북 직지사 큰스님께 전해주고 오너라."

그 곳은 보통 일주일은 걸려야 간다. 그런데 이 스님은 그 편지를 받자마자 아미타불을 부르며 길을 가는지 오는지 전혀 구분 없이 그저 발자국에 맞추어 염불만 하면서 부지런히 갔다. 어떻게 갔는지 자기도 모르는 사이에 직지사가 나왔다.

직지사에 들어가 큰 스님을 찾고 편지를 전했다.

그런데 그 편지를 다 읽고 난 다음 스님이 물었다.

"너 언제 장안사에서 출발하였느냐?"

"아침 먹고 출발하였습니다."

"어느 날 아침 먹고 출발하였느냐?"

"오늘 아침 먹고 출발하였습니다."

"그래?"

하고 고개를 갸우뚱하였다. 날짜는 분명 오늘날짜인데 하루에 어떻게 이 먼 길을 걸어온다는 말인가. 필시 이는 어떤 신력을 갖춘 자가 아니고서는 그렇게 될 수 없다 하고 물었다

"네가 무슨 공부를 하였느냐?"

"공부인지 무엇인지는 몰라도 우리 스님께서 아미타불을 하라고 해서 계속 그것만 외었습니다. 무슨 일을 하든지 그것을 하면 추운지 더운지, 밤인지 낮인지, 고된지 쉬운지 구분할 수 없었습니다. 여기 올 때에도 그저 아미타불만 부르고 오니 강을 건넜는지, 산을 넘었는지 구분하지 못하고 왔습니다."

"그래, 그렇겠다. 그런데 아미타불만 부르면 곧 너만 위한 것이고, 그 위에 <나무>두 자를 넣어서 부르면 <나무아미타불>이 되는데 이것은 국토를 장엄하고 중생을 건지는 일이 되느니라."

"그럼, 지금부터는 <나무아미타불>이라 하는 것이 좋겠네요."

"그렇다."

그래서 그는 또 나무아미타불을 부르는데 10년 동안이나 아미타불을 불러왔기 때문에 습관이 되어 <나무아미타불> 한 번을 부르면 <아미타불> 두 번을 부르는 식으로 자기도

모르는 사이에 말이 나오곤 하였다. 그러니까 아미타불을 부르다가도 "아이참 나무 자를 또 빼어 먹었네." 하고 길을 섰다 가고 하다가 보니까 돌아오는 길이 1주일이나 걸렸다.

"어찌하여 시간이 이렇게 많이 걸렸느냐?"

"아미타불과 나무아미타불을 섞어서 부르다 보니까 이렇게 늦었습니다."

"야 이놈아, 아미타불이 나무아미타불이고 나무아미타불이 아미타불이다."

하니, 그 말에 깜짝 놀라 깨닫고 나서는

"도로아미타불이네요."

하였다. 아미타불이 나무아미타불이고, 나무아미타불이 아미타불이라 하니 그 타불이나, 이 타불이 똑같듯이 나도 과거에는 아미타불이었네요 하는 소리였다.

아미타라는 말은 무량수(無量壽) 무량광(無量光)이다. 한량없는 수명과 한량없는 빛을 가진 부처님, 이것은 사람마다 갖추고 있는 본래 부처를 의미한 것이다.

그러나 나도 옛적엔 아미타불이었는데 그것도 모르고 어리석은 사람 노릇하다가 이제 깨닫고 보니 도로 옛날 그 부처님이 되었네요 하는 소리다.

그러니 도로 아미타불이라는 말은 허망하게 잘못되었다는 뜻이 아니라 잃었던 자기를 되찾았다는 말이 되는 것이다. 그럼 오늘 숙제는 아미타불과 연관 있는 숙제를 하나 내겠다.

아미타경에 보면 극락세계는 서쪽에 있다고 하고 그 세계에는 아미타불이 계신다 하였는데 모든 사람은 서쪽을 향하여 가는데 어찌하여 아미타불은 동쪽을 향하여 앉아 계시는가? 말이 끝나기 전에 말할 줄 아는 자라야 가히 불자라 하리라. 독자여, 그대 마음은 지금 어디를 향하여 가고 있는가. 한 번 점검하여 방할(棒喝)의 검푸른 칼을 받지 않도록 하라.

이와 같이 간경 진언도 한 마음으로 하면 마침내 부동존(不動尊)의 아미타를 뵙고 관음 세지(觀音 勢至)의 행을 자기 몸 가운데서 나타내게 되는 것이다.

4. 교외별전(教外別傳)

교외별전이란 말은 행동으로 가르친 것 밖에 따로 전했다는 말이다. 그러나 이 말도 잘못된 것이다. 전할래야 전할 수 없는 것이 불법인데 전하기는 무엇을 전한다는 말인가?

말과 행동은 능소(能所)를 만들고 주객(主客)을 지어 나간다. 그러나 선은 주객과 능소를 하나로 똘똘 뭉쳐 그 하나라는 관념까지도 완전 청소가 될 때 비로소 전해진다고 말한다.

여기서 전해진다는 말은 피차가 똑같이 타성일편(打成一片)을 이룬다는 말이다.

원래 선에는 길이 없다. 자전거를 타거나 자동차, 기차를 타고 가는 데는 절대적으로 길이 필요하지만 비행기, 로켓을 타고 가게 되면 길이 따로 필요 없다. 단지 그 앞이 허공과 같이 툭 터져야 걸림 없이 끌고 가게 되므로

"당정기의 여허공(當淨其意 如虛空)"

하라 한 것이다. 마땅히 그 뜻을 허공과 같이 맑히라는 말이다.

사람의 근기에는 천차만별의 차이가 있다. 그러나 크게 나누어 셋으로 보통 구분하는데 상근기(上根機)는 6조 대사처럼

말 아래서 곧 깨닫고, 중근기는 7일 동안만 정신 차려 공부하면 깨닫고, 그러고도 깨닫지 못하는 것은 믿음이 철저하지 못한데 문제가 있다.

자신에 대하여 심각한 태도를 가지고 결정적인 마음으로 공부하는 사람은 염불을 하든지, 참선을 하든지, 경을 보든지, 진언을 외우든지 관계없이 도를 깨친다.

이때에는 중생에도 걸리지 말고 부처에도 걸리지 말아야 한다. 왜 밥을 먹는지, 왜 살아야 하는지 목적의식을 분명히 하여야 한다. 그렇게만 한다면

"삼 서근"

이라는 말에도 도를 깨칠 수가 있고

"마른 똥막대기"

라는 말에도 도를 깨칠 수가 있다. 그렇다고 "삼 서근"이나 "마른 똥막대기" 속에 도가 들어 있는 것은 아니다. 그 말을 듣고 어떠한 생각의 변화가 일어났느냐 하는 것이 중요하다. 그러므로 그것은 변화를 일으키는 요소에 불과한 것이다.

교외별전의 증거로 3처전심(三處傳心)이라는 것이 있다. 삼처전심이란 세 곳에서 마음을 전했다는 말이다.

그 첫째는 다자탑 앞에서 자리를 나누어 앉으신 것인데 이것을 다자탑전분반좌(多子塔前分半座)라 한다.

옛날 인도 사람들은 여자를 여러 명 거느리고 살았다. 우리나라에서도 임금님들은 3천궁녀를 데리고 살기도 하였지만 그 쪽은 일부다처제(一夫多妻制)가 있어서 누구나 5~6명씩 20~30명씩 능력만 있으면 데리고 살았다. 그런데 20여 명의 마누라를 데리고 살던 장자가 죽고 나니 그 권속이 1백 50명이 넘었다. 그가 죽어 화장을 하고 나니 자식들이 모여 가족

회의를 하고 길지를 택하여 훌륭한 탑을 하나 세워 아버지를 기념하도록 하기로 하였던 것이다.

그래서 세운 탑이 다자탑(多子塔)이다. 이 탑의 도량이 넓고 커서 훌륭하므로 많은 사람들이 모여 공원처럼 사용하고 있었는데 부처님은 종종 1천 2백 명 대중을 거느리고 그 곳에서 법을 설하기도 하였다.

그런데 하루는 대중을 모으고 설법하려 하다가 말씀을 하시지 않고 누군가를 기다리고 있었다. 대중들이 의아해 하며 서로 옆 사람을 보고 찾고 있는데 부처님보다 20세나 손위가 되는 늙은 가섭이라는 바라문이 와서 부처님께 절을 하였다.

"나의 거룩하신 스승님 제자가 왔습니다."

부처님은 아무 말 하시지 않고 그의 자리를 반만 나누어 앉게 하였다. 대중들은 무슨 뜻인지 알 수 없었으나 가섭 혼자만은 그 뜻을 잘 알고 있었다.

둘째는 영산회상에서 꽃을 들어 보이시니 가섭존자가 홀로 미소를 지으신 것인데 영산회상 염화미소(靈山會上 拈華微笑)라 한다.

부처님께서 법화경을 설하시기 위하여 영산회상에 수많은 제자들을 모았다. 높이 자리에 올라 앉아 설법코자 하니 선녀가 꽃 한 송이를 올렸다. 부처님은 그것을 받아 침묵 속에 잠겨있는 대중들에게 높이 쳐들어 보였다. 그러나 누구도 그 뜻을 아는 이는 없었고 오직 가섭 혼자만이 빙그레 웃으셨다. 부처님은 그 때

"나에게 있는 열반묘심(涅槃妙心)실상무상(實相無相)의 미묘법문을 직지인심의 교외별전으로 가섭존자에게 전한다."

선언하였다. 이것이 그날의 설법이었다. 부처님은 왜 연꽃

을 들어 보였는가. 가섭존자는 왜 웃었는가. 실상무상의 미묘 법문을 전하였다 하였는데 그 미묘법문이란 무엇인가. 한번 생각하여 볼 문제다. 제1전심에 있어서도 부처님은 왜 자리를 반쯤 나누어 앉으셨는가.

  가섭존자는 처음 보는 외도로서 어떻게 부처님을 뵙고

  "나의 큰 스승이여 여기 제자가 왔습니다."

  하였는가. 신참·구참·올깨기·늦깨기를 철저히 가리는 불교에서 가섭존자에게만은 예외 없이 적용되어도 말 한마디 못했던가 하는 것은 깊이 생각하여 볼 필요가 있다.

  예나 지금이나 시간상의 차이는 있어도 마음엔 하등의 관계가 없기 때문이다.

  끝으로 세 번째의 전심법은 니련선하 사라쌍수간에서 두 다리를 주욱 뻗어 내놓으신 것인데 이것을 "니련하반(泥漣河畔)의 곽시쌍부(廓示雙趺)"라 한다.

  부처님께서 80을 일기로 세상을 하직하니 세상 모든 사람들이 매우 슬퍼하였다. 큰 상좌인 가섭이 와야만 다비(茶毘)에 부치게 되었는데 정한 날짜가 일주일이 지나갔는데도 오지 아니하였다. 먼 길을 유행하다가 늦게야 소식을 들은 까닭이다. 그때 가섭은 백 살이 훨씬 넘은 노인으로서 발걸음을 재촉하여 다비장에 도착하니 상좌들이 모두 안 좋은 얼굴로 바라보았다. 그러나 이는 노쇠한 몸이라 천천히 오른쪽으로 세 바퀴를 돌고 부처님 발 아래 예배하니, 부처님께서는 두 다리를 곽 밖으로 주욱 뻗어 내보이셨다. 이것이 무슨 뜻인가? 어쩐 일로 부처님은 두 다리를 뻗어 내어 보이셨는가 생각하여 볼 일이다. 이 도리를 깨달으면 따로 법을 받지 않아도 그는 이미 도인이 된 것이다.

참선불교(參禪佛敎)

이로 인하여 가섭존자는 부처님 입멸 후 최상수 제자가 되었으며 그의 법을 고이 간직하고 있다가 아란 존자에게 물려주었다.

이것을 모아서 3처전심이라 하고 교외별전이라 한다. 선을 하는 이는 마땅히 이 뜻을 알아야 한다.

5. 직지인심(直指人心)과 견성성불(見性成佛)

(1) 직지인심(直指人心)

바로 사람의 마음을 가리키는 것을 직지인심(直指人心)이라 한다. 그러면 사람마음을 어떻게 가리키는가?

동산(洞山)스님이 하루는 삼을 달고 있었다. 그 삼은 모두 3근이었다. 그런데 그 때 마침 한 스님이 와서 물었다.

"스님 어떤 것이 부처입니까?"

"삼 3근이니라."

하는 말 아래 그 스님은 즉시 도를 얻었다. 어떻게 도를 얻었는지는 알 수 없으나 그 다음부터서는 어떠한 의심도 없이 마음을 쓰는데 결점 없이 전일(全一)하게 잘 썼다.

운문(雲門)스님이 화장실에 갔다 나오시는데 성급한 중이 화장실 문 앞에까지 와서 물었다.

"스님, 어떤 것이 부처입니까?"

"마른 똥막대기이니라."

이 스님도 깨달았다. 마른 똥막대기란 똥을 뒤지는 막대기다. 시골에서 변을 보고 나면 그것을 재에다 굴려 말리는데 6개월 동안 이리 뒤치고 저리 뒤치며 말린다. 그러니 똥도 마르는데 그것을 뒤지기는 막대기가 마르지 않을 수 없다. 그런데 그 똥막대기가 부처란다. 부처님을 망신을 주어도 분수가 있지 마른 똥막대기라니! 그러나 그 소리에 새 부처가 한 분 또 탄생하였으니 어찌할 것인가? 마음을 허공처럼 텅 비우면 마치 밝은 거울처럼 된다. 거울이 온갖 물상을 있는 그대로 비추어 주듯 마음의 거울 속에 온갖 물상이 그대로 나타난다. 삼을 보면 삼이, 똥막대기를 보면 똥막대기가 있는 그대로 부처였다.

조주(趙州)스님이 뜰 앞을 거닐고 있는데 어떤 스님이 와서 물었다.

"어떤 것이 조사서래의(如何是 祖師西來意)입니까?"

"뜰 앞의 잣나무(庭前栢樹子)이니라."

조사서래의란 달마조사께서 인도에서 중국에 오신 뜻이 무엇이냐는 말이다. 그런데 뜰 앞의 잣나무란다. 아마 그 스님은 잣나무와 하나가 되어 있었던 모양이다. 물(物)을 통하여 심(心)을 나태내고 심(을 통하여 물을 일체로 들어 보였다.

이것이 바로 인심을 가리키는 것이다.

옛날 어떤 도둑놈이 도둑질을 하기 위하여 모 여인숙에 들어갔다. 문간방을 달라 하여 일찍부터 죽치고 앉아 들어오는 손님들을 하나하나 점검하였다. 누가 무엇을 가지고 들어와서 어느 방 어느 곳에 놓고 자나 살펴보는 것이다.

그런데 밤이 좀 으슥하여 한 노스님이 돈자루를 무겁게 짊어지고 들어 왔다. 주인 마님이 반색을 하며 인사하였다.

"아이구 스님, 스님께서 어떻게 이렇게 나오셨습니까?"

"세금 내러 가는 길이오."

"안방으로 모시겠습니다."

하여 길을 인도하니 스님은 방으로 들어가자마자 돈자루를 들어 벽장에 넣고 앉았다. 도둑놈은 안심하고,

"오늘은 내가 꿈을 잘 꾼 날이다."

생각하고 초저녁엔 편히 누웠다가 밤중이 되어서 조심스럽게 찾아갔다. 손가락에 침을 묻혀 창구멍을 뚫고 보니 노스님은 그 때까지 잠을 자지 않고 앉았는데 금시금시 변화를 하였다. 금방 잣나무가 되었다가 다시 또 사람이 되었다가 계속하여 신통변화를 부렸다. 한참동안 들여다보고 있다가 생각을 돌려 들어왔다.

"옳지, 내가 이렇게 남의 눈치를 보면서 도둑질을 할 것이 아니라, 저 신통만 배운다면 걱정 없이 살겠다."

생각하고 그 날은 편히 잤다. 아침 일찍 일어나서 스님을 찾아뵙고 통성명을 하였다. 그리고 그 뒤를 따라갔다. 산고개를 넘을 무렵 큰 소리로 스님을 부르며 달려갔다.

"스님 어디로 가십니까?"

"세금을 내러가는 길이오. 왜 무슨 물을 말씀이 있소?"

"예. 다른 게 아니라, 어젯밤 그것을 배우고 싶습니다."

"그것이라니…? 그것이 무엇입니까?"

"그것 있지 않아요. 그것."

"아니, 그것이라니. 알 수 없는 소리를 자꾸 하면 어떻게 하나? 사실대로 말을 해 보라구!"

하며 스님께서 조금 언성을 높이자 황송한 듯 사정 이야기를 다 털어 놓았다.

"사실 저는 도둑놈인데 어제 저녁 도둑질을 하러 갔다가 스님께서 잣나무가 되는 것을 보고, 이젠 도둑질 그만하고 그것을 배우고 싶었습니다."

"그래, 그렇다면 가르쳐 주어야지."

"스님, 고맙습니다. 정말로 고맙습니다."

"그래, 시키면 시키는 대로 하겠느냐?"

"예, 하구말구요. 사람이 소나무로 변할 수 있다면 어떠한 고난도 참고 견디겠습니다."

"좋다. 그렇다면 오늘부터 집에 돌아가서 정전백수자(庭前柏樹子)를 관하라."

하고 자세히 일러 주었다. 집에 돌아온 도둑놈은 아무 말도 없이 돌아앉아 벽만 바라보고 뜰 앞의 잣나무를 관했다. 마누라가 보니 이는 필시 미치지 않고서야 그럴 수가 없었다.

"여보, 이게 뭐하는 거예요?"

"생사를 벗어나는 길이야. 생사 때문에 도둑질도 하고 거짓말도 한 것 아니야. 그것에서만 벗어난다면 밥도 저절로 생기고 옷도 저절로 생길 것이야."

하고 불철주야 정전백수자만 찾고 있었다. 그 전에는 돈을 벌어오면 지져라 볶아라 하고 먹고 놀고 자고 하던 영감이 먹는 것도 자는 것도 다 잊어버리고 앉았으니 뭐가 끼이지 않고서야 그럴 리가 없었다.

"여보, 거기서 무엇을 찾고 있어요."

"잣나무를 찾고 있어."

"뭐, 뭐라구요? 잣나무는 산에 가서 찾아야지, 집에서 무슨 잣나무를 찾아요!"

하고 야단쳤다. 그러나 저러나 영감님은 아는 체도 하지 않고 그저 앉아 있었다.

"돈은 벌어다주지 않고, 앉아서 잣나무만 찾으면 대수인가?"

"가만있어. 잣나무만 찾으면 돈은 저절로 뭉텅이로 벌리게 될 테니까"

 하고 앉아 있으니 마님의 잔소리에 공부가 제대로 안 되었다. 그래서 그는 목욕탕으로 들어가 아무도 모르게 앉아 있었다. 며칠 후에 궁금하여 마누라가 찾아갔다. 그런데 사람이 없어져 버렸다. 사방을 찾고 돌아다니다가 목욕탕 속을 들여다보니 욕실 안에 성성한 잣나무가 한 그루 서 있었다. 깜짝 놀라 톱을 가지고 와서 베려고 문을 벌떡 여는 바람에 영감님은 그만 도를 깨치고 말았다. 순간 잣나무는 없어지고 남편이 부시시 눈을 비비고 일어섰다.

 "여보 어찌된 일이어요?"
 "아무 것도 아니어. 잣나무가 곧 나로구만…"
 잣나무와 내가 둘이 아닌 경지에 들어간 것이다. 그로부터 그는 도둑질을 해먹지 않고도 남의 일을 가면 잣나무를 관하는 식으로 일에만 골몰하다 보니 남의 일의 5배, 10배를 하여 많은 돈을 벌게 되었다.

 마누라가 좋아하자
 "이것이 신통이여. 괜히 남의 눈치 보고 도둑질하고 다니다가 내 머리가 이렇게 희어 버렸거든."

 그때서야 이 마누라는 자기 남편이 도둑놈인 것을 알게 되었으며, 도둑질을 하다가 도인을 만나 도인이 된 것을 기뻐하고 그 스님을 찾아뵙고 훌륭한 재가불자가 되었다.

 이와 같이 사물과 내가 둘이 아닌 경지에 들어가면 돌, 나무, 물, 해, 달과 같은 그 어떤 것으로도 자유자재로 변할 수 있으나 이것은 도인의 말변사(末邊事)라 진짜 도를 아는 이는 그를 잘 쓰지 않는다. 다만 교화의 방편으로 부득이할 때 목마를 때 물 마시는 식으로 한 번씩 쓰는 것이다.

(2) 견성성불(見性成佛)

"견성성불"이란 자기의 성품을 보아 부처가 된다는 말이다. 그럼 어떻게 성품을 보고 부처가 되는 것인지 한 번 살펴보기로 하자.

심경(心境)이 일체라면 하늘을 보면 하늘은 푸를 뿐이고, 벽을 보면 벽이 흴 뿐이다. 삼을 달면 삼이요, 똥을 보면 똥이며, 잣나무를 보면 잣나무요, 물을 보면 물이요, 돌을 보면 돌이라. 버들은 푸르고(柳綠) 꽃은 붉고(花紅) 가마귀는검고(烏黑) 백로는 흰 것(鷺白)이 그대로 자성이요 부처다. 그것 밖에 따로 불성이 있는 것이 아니기 때문이다.

그렇다면 배가 고프면 먹고 졸리면 잔다. 보고 듣는 것이 모두 진리 아닌 것이 없다.

"그렇다면 이 주장자를 보았느냐?"

주장자를 한번 치고 나서,

"이 소리를 들었느냐? 보고 들은 놈이 어떤 놈이냐? 같느냐? 다르느냐? 같다고 해도 맞을 것이요 같지 않다고 하여도 맞을 것이니 한번 일러 보아라."

대중은 숙연(肅然)히 말이 없었다.

6. 선의 법칙과 좌선의(坐禪儀)

1) 고칙공안(古則公案)

고칙(古則)이란 옛 사람들이 남긴 법칙이고 공안(公案)은 공한(公翰)이다. 옛 관청에서 공문을 띄울 때에 하나의 안건을 만들어 그것을 복사하여 계인을 찍은 뒤에 각 지구로 내려

보낸다. 만일 거기에 가짜가 있게 되면 그것을 거두어 다시 본래의 공한계인과 맞추어 보면 그대로 꼭 들어맞게 된다. 그러면 즉시 거기서 진가(眞假)를 가리게 된다.

마찬가지로 공부하는 사람들이 도를 깨우쳤다고 하였을 때 무엇을 가지고 그 깨친 것을 증명할 것인가? 그러므로 불가에서는(특히 선가) 이 공안으로써 그의 진가를 가려내는 것이다.

예를 든다면, 어떤 스님이 조주스님께 와서 물었다.
"개도 불성이 있습니까?"
그런데 조주스님은,
"없다."
하고 대답하였다. 이 말을 듣고 그 스님은 그대로 도를 깨달았다. 그런데 그 깨달음을 얻지 못한 사람들은 의심을 자아낸다. 부처님께서는 모든 중생이 불성이 있고 심지어 초목총림까지도 불성이 있다고 하였는데 어찌하여 조주스님은 불성이 없다고 하였는고? 아니면 그 "없다"는 말이 무엇이냐? 만일 나에게 그것을 물었다면 어떻게 답할 것인가 하는 몇 가지 문제를 제기하여 학인의 심층(心層)을 점검한다.

이것이 바로 고칙공안이다. 그러니 이 공안은 일종의 시험 문제인 동시에 자기 성찰의 좋은 도구다. 이러한 도구가 한국 불교에서는 천 칠백 가지를 모아 놓은 것이 있는데 그것을 선문염송(禪門拈頌)이라 한다. 현재 조계종에서는 이것을 선의 지침서로 쓰고 있다.

다음 벽암록(碧巖錄)에서는 백척(百則)을 들고 있는데 현재 임제종(臨濟宗)에서 쓰고 있고 종용록(從容錄)에서도 백칙을 쓰고 있는데 이것은 조동종(曹洞宗)에서 쓰고 있다. 그리고 무문관(無門關)에서는 48법칙을 쓰고 있는데 여러 선종에서 함게 응용하고 있다.

임제종이란 6조 이후에 생긴 종파다. 6조대사까지는 어떠한 종이라는 이름도 없이 오직 선종으로서 달마의 관심법을 계승하여 오다가 6조에 이르러 견성선으로 조계종이 생기게 되었는데 열사웅장(烈士雄壯)이 우후죽순처럼 쏟아져 나오므로 따로 전법인을 정하지 않고 오자즉종(悟者卽宗)으로 전법의 방식을 개방하였다.

그리하여 임제스님의 선풍을 이은 제자들이 임제종을 만들고, 법안스님의 문하에서는 법안종(法限宗)을 만들고, 운문스님의 문하에서는 운문종(雲門宗)을 만들고, 위산(僞山) 앙산(仰山)의 문하에서 위앙종(僞仰宗)을 만들고, 조산(曹山) 동산(洞山)의 문하에서는 조동종(曹洞宗)을 만들었다.

이것이 중국 선종의 5가(家)다. 그런데 뒤에 임제종 계통에서 황룡(黃龍) 양기(樣岐) 양파가 생기니 5가 7종이 된 것이다.

이들에게는 각기 그들만이 통하는 가풍이 있고 특징이 있다. 그런데 우리 한국불교는 6조 혜능의 법을 중심으로 선법을 진흥하였으므로 분파 이전의 조계 일종으로 통불교적 입장에서 참선수행을 하고 있는 것이다

2) 좌선의(坐禪儀)

참선을 하는 데는 몇 가지 방법이 있다. 몸은 편안하게 고르고(調身) 호흡을 편안하게 고르고(調息) 마음을 편안하게 고른다(調心).

참선뿐이 아니다. 모든 공부가 다 마찬가지다. 그러나 특히

참선공부는 공부의 자세가 초보자에게 중요하다. 이렇게 몸과 호흡과 마음이 조정되고 나면 좌복을 깔고 편히 앉는다. 앉아서 참선하면 이것을 좌선이라 하는데 여기에는 가부좌와 반가부좌가 있다.

그러나 다리가 아프고 허리가 쑤시면 걸어다니면서 하는 행선(行禪)이 있고 누워서 하는 와선(臥禪)도 있다. 가고 오고, 앉고 눕고, 말을 하고 가만히 있고를 막론하고 그 마음을 성성력력(惺惺歷歷)하게 혼침을 벗어나게 되면 그것이 곧 참선이다.

참선의 참(參)은 참예의 뜻으로 내 마음을 본래의 마음에 참예시키는 것이요 성현의 마음에 참예시키는 것이며 고칙(古則)을 참구하여 타성일편(打成一片)을 형성하여 가는 것이고, 선은 고요히 생각을 가라앉히고 생각으로써 수행하여 밝혀 가는 것이다.

그러니 참선은 가고 오고 앉고 눕고 언제 어느 곳에서나 구애 없이 할 수 있는 공부이되 그의 몸과 마음은 그의 정신적 자세와 육체적 힘에 의하여 자기가 알맞게 조절하여 할 것이다.

7. 대오(大悟)의 법칙과 참구수행법(參究修行法)

(1) 대오의 법칙(大悟法則)

깨달음의 경지를 간파(看破)하는데 의리선(義理禪)과 여래선(如來禪) 조사선(祖師禪)의 경지가 각기 조금씩 다르다는 이야기는 앞에서 잠깐 언급한 바가 있다.

그러면 어떻게 그것이 다른가? 옛 조사의 말씀에,

㉠ 천지지천천지전(天地地天天地轉)
㉡ 수산산수수산공(水山山水水山空)
㉢ 천천지지하증전(天天地地何曾轉)
㉣ 산산수수각완연(山山水水各宛然)이라는 시가 있다.

㉠ 하늘이 땅이요 땅이 하늘이요 하늘과 땅이 함께 구른다.
㉡ 물이 산이요 산이 물이요, 물과 산이 다 비었다.
㉢ 하늘은 하늘이요 땅은 땅 일찍이 구른 바 있었던가?
㉣ 산은 산, 물은 물, 각기 완연하여 있는 그대로가 진리로다 하는 말이다.

지금으로부터 약 250여 년전 토정선생(土亭先生)이 아산시장엘 나갔다. 그런데 가서 보니 살 사람은 하나도 없고 오직 소금장수 하나가 살 기미가 있어 보였다. 소금장수는 급히 소금짐을 쌓아 짊어지고 송악산으로 올라갔다. 토정선생도 그를 따라 부지런히 따라갔다. 송악산 꼭대기에 올라가서 소금장수는 지게를 부려놓고 겨우 한숨을 쉬었다.

"후유!"

토정선생이 물었다.

"당신은 어찌하여 여기까지 지게를 짊어지고 올라왔습니

까?"

하니 그는 그 대답은 하지 않고 토정선생에게 물었다.

"당신은 뭐하는 사람인데 여기까지 따라왔소?"

"나는 음양을 점치는 사람인데 시장에 나와서 보니 살 사람은 오직 당신 한 분뿐이어서 어디로 가는지 따라온 것이오."

"그렇다면 나를 쳐다보지 말고 당신 발밑을 내려다보시오."

돌아보니 벌써 바다물이 발밑에 까지 올라와 있었다. 250년 전까지 아산만이 그대로 육지였었다. 요즈음 다시 막았지만 옛날엔 물 없는 육지였다. 그런데 갑자기 일본의 구주 가고시마-사구라 지마에 화산이 터지면서 우리 육지가 바다 속에 가라앉은 것이다. 요즈음도 종종 지진이 일어나고 있지만 우리 나라의 서해바다는 이곳 로스엔젤레스처럼 위험한 곳이다. 그렇다고 미리부터 겁먹을 것은 없고 사는 날까지 즐겁게 잘 살다 가도록 되어야 한다. 그 때 가서 땅 밑을 볼 수 있는 소금장수나 토정선생 같은 사람이 되면 송악산에 올라가서 발을 한번 물에 적셔볼 필요도 있고 하늘이 땅이고 땅이 하늘이다. 하늘 가운데 땅 기운이 들어있고, 땅 가운데 하늘 기운이 들어 있다. 그러므로 반야심경에서 "색즉시공 공즉시색"이라 하지 않았던가. 하늘과 땅이 한데 엉겨 이 우주를 만들었으니 이것은 "색즉시공"의 의리선이다.

물이 산이요, 산이 물인 사실은 아산만 사건이 잘 증명하여 주고 있다. 산이 바다가 되고 바다가 육지가 되었다. 그렇다면 산도 물도 다 공한 것이다. 거기에는 산도 있다고 할 수 없고 물도 있다고 할 수 없으니 무색무공(無色無空)의 여래선이다.

㉠의 천지지천천지전이 제행무상(諸行無常) 시생멸법(是生

滅法)을 말한다면

ⓒ 수산산수수산공은 생멸멸이 적멸위락(生滅滅已 寂滅爲樂)한 여래의 경계다.

그러나 조사의 경계는 거기서 진일보(進一步)한다. 아무리 하늘이 땅이 되고 땅이 하늘이 되어 하늘과 땅이 한데 엉켜 있다 할지라도 하늘은 하늘이요 땅은 땅이다. 남자는 남자요 여자는 여자이다. 아무리 남녀가 한데 어울려 사랑한다 하더라도 남자가 여자가 되고 여자가 남자가 되는 법은 없다. 음양 개조를 하여 변형수술을 하기 전에는 분명히 그 위치가 한계 지워져 있다. 그렇다면 남자는 남자노릇을 잘해야 남자요, 여자는 여자노릇을 잘하여야 여자다. 산은 산이고 물은 물이라 산과 물이 각기 완연하게 제 자리를 지키고 있으니 이것이 조사선이다.

이렇게 깨달음의 경지를 분수를 따라 몇 가지로 규정지어 볼 수 있으나 이것은 결국 보는 자의 마음에 따라 그 경계가 각기 달리 나타날 뿐 산이나 물 하늘 땅은 말이 없다.

(2) 각종의 참구법(各宗參究法)

깨달은 경계가 각기 조금씩 차이가 있듯이 각종의 수행법 또한 조금씩 다르다.

조동종(曹洞宗)은 조용히 그 호흡을 관찰하며(數息觀) 일체 것을 끊어 버리고 오직 그 호흡 하나로 정신통일을 해 나가기 때문에 지관타좌(只管打坐) 타성일편(打成一片)을 이룬다. 지관타좌란 오로지 한 숨결에 맡겨서 일어나는 번념(煩念)을 주저앉힌다는 말이며 타성일편은 모든 것을 똘똘 뭉쳐 하나를 형성한다는 말이다.

임제종(臨濟宗)은 간화선(看話禪)으로 성성적적(惺惺寂寂), 풍파를 가라앉혀 맑은 바다를 형성한다. 삼라만상(森羅萬象)이 그 안에 소소히 드러나기 때문이다. 그러나 조계종(曹溪宗)은 그것을 관하는 이, 숨결을 헤아리는 이가 누군가 철저히 의심하여 간다. 그래서 단지부지(但知不知)의 시심마선(是甚磨禪)이라고 한다. 나는 누구인가. 지금 무엇을 하고 있는가. 그래서 나무할 때 나무하고 밥할 때 밥하는 사람, 불 때고 장작 패는 것이 그대로 신통이 되는 선, 이것이 조계선이다.

3초 5초 호흡을 조절하며 숨을 헤아리다가 1분 2분 나중에는 구식(口息)마저 잊어버리고 복식호흡(腹息呼吸)을 하다가 8만 4천 털구멍으로 무식의식(無息意息)을 하게 되면 우주는 호흡 속에 타성일편, 한 덩어리가 되는 것이며 "마른 똥막대기", "삼 서근"을 의심하다가 성성적적, 물아심경(物我心境)이 일치하면 산산수수가 각기 완연히 나타난다.

대철학가 소크라테스가 "너 자신을 알라." 하고 외치고 다니다가 "너는 너를 아느냐?" 라는 질문을 받고

"나는 나를 모른다는 것을 알고 있다"

고 하듯 물이 물을 씻지 못하고 불이 불을 태우지 못하는 원리를 알아 알지 못하는 것을 아는 경계에 들어가면 곧 스스로 그 성품을 보고 이것이 무엇인지를 깨달을 것이니 이것이 조계선이다.

어느 것이 옳고 어느 것이 그르고, 어느 것이 높고 어느 것이 낮은 것이 아니라 사람들은 각기 그의 근기를 따라 마음을 이끌어 나가다가 자기 소질에 의해서 자기 선을 개발하는 것이니 아시타비(我是他非)를 논할 필요는 없다.

(3) 선(禪)의 삼대요소(三大要素)

선 공부를 해나가는 데 다음 세 가지 요소가 필요하다.

첫째는 대신심(大信心)이니 자기가 본래 부처인 것을 확신하고 나아가는 것이고,

둘째는 대분심(大奮心)이니 똑같은 사람으로서 나는 어찌하여 그러한 훌륭한 불성을 가지고 있으면서도 성불하지 못했던가 하는 분한 마음을 갖는 것이며,

셋째는 대의심(大疑心)이니 화두의 의심을 크게 가지고 일심으로 정진하여 나가는 것이다.

일반적으로 다른 종교에서는 선심을 신앙이라 부르고 있다. 거룩한 사람을 우러러 바라보며 그의 말을 믿고 따라간다는 말이다. 그러나 그러한 믿음이 선에서는 있을 수 없다. 부처님은 이미 자기 확신을 통하여 깨달으신 성인이시니 우리의 스승으로서 숭배의 대상이 되지 믿음의 대상이 아니다. 대상이 끊어진 믿음, 믿는 것과 믿어지는 것이 둘이 아닌 믿음, 이것이 믿음인데 그 믿음이 확고부동하여 천지가 개벽한다 할지라도 흔들리지 아니하면 이것을 대신(大信)이라 하는 것이다. 그러므로 불교는 내가 나를 믿는다는 확신이 서지 아니하면 불교신앙을 한다고 볼 수가 없는 것이다.

그러면 이렇게 믿고 가지며 어떻게 의심할 것인가? 닭이 알을 품을 때 내가 마땅히 이 앞에서 닭을 만들어 내리라는 결정된 마음을 가지고 알아 줄탁(啐啄)의 변(變)이 일어날 때까지 흔들림이 없이 믿음을 형성할 것이고, 고양이가 쥐를 잡기 위하여 노리고 또 노리듯 본심을 가지고 화두를 잡으면 이것이 대분심이다. 고양이는 물속에 가라앉는 두부를 뜨게 하여 먹을 정도로 강한 분심이 있다고 한다. 옛날 선방에서 두부를

만들었다. 큰 통속에 두부를 담아 물에 담가 놓았는데 고양이가 그것이 먹고 싶어 그 옆에 앉아 분심으로 두부를 관하니 물속의 두부가 물위로 뜨더라는 것이다. 가라앉은 마음이 불쑥 떠오를 정도로 벅찬 분심으로 화두를 잡아야 한다.

 화두를 잡더라도 의심을 일으키지 아니하면 아무런 소용이 없다. 자물쇠를 잠가놓고 밖에 나간 사람이 열쇠를 잃어버리고 돌아와 어떻게 이것을 풀 것인가 의심하듯, 아기가 장에 가서 어머니의 젖을 생각하듯, 주린 자가 밥을 생각하고 목마른 자가 물을 생각하듯 무거운 감정으로 의심을 풀어나가면 1천 7백 공안은 고사하고 8만 4천 공안이라도 문제없이 해결하게 된다는 것이다.

 만일 이렇게 하여 행주좌와(行住坐臥) 어묵동정(語黙動靜) 일체시(一切時) 일체처(一切處)에 간단없이 이것이 무엇인가를 생각하여 한 생각이 무량겁(一念是無量劫)에 이르면 그에게는 생사도 열반도 없는 대각세계(大覺世界)가 형성될 것이다.

 그러니 깨치지 못할까 미리 겁내어 걱정하지 말고 큰 신심과 큰 분심, 큰 의심으로 무섭게 정진 못하는 것을 한탄하라.

 오늘은 끝으로 한 가지 문제를 제시하여 주겠다.
 옛날 향엄(香嚴)스님이 천하대중을 모아놓고 숙제를 내 주었다.
 "어떤 죄인을 두 손과 발을 쇠사슬로 꽁꽁 묶고 그의 이빨을 큰 나무 가지에 물려 천야만야(千耶萬耶)한 낭떠러지 가운데 매어놓고 '어떤 것이 조사의 서래의(西來意)냐?' 묻는다면 너희들은 어떻게 답하겠느냐. 말을 하면 입을 떼어서 죽을 것이요 말을 하지 아니하면 총으로 쏘아 죽이리라."

만일 여러분들이 이 경지에 들어가 있다면 어떻게 대답할 것인지 해답을 적어보라.

(4) 의리선(義理禪)의 수학적 해석

사람들은 흔히 우리의 마음을 3백 60도의 일원(一圓)에다가 비유하여 그것을 신앙의 상징으로 모시고 있는 곳도 있다.

그러나 마음은 꼭 그렇게 둥근 것만은 아니다. 둥글 때도 있고 모날 때도 있고 삼각(三角)이 될 때도 있고 사각(四角)이 될 때도 있고 마름모꼴이 될 때도 있기 때문에 3각, 4각, 마름모꼴 같은 것이 생기게 된 것이다.

하여간 이미 마음을 360도의 일원에 비유한다면 그것을 원점의 0도로부터 90도, 180도, 270도, 360도 순으로 눈금을 그어보자.

0도는 제로 지대이다. 인생을 무엇 때문에 사는 것인지 무엇 때문에 공부하는 것인지도 모르고 그저 다른 사람들이 하니까 그 사람들이 하는 것처럼 따라하며 살다가 그만 죽게 되면 죽는 것이다 하고 아무런 생각 없이 동물적으로 살아가자는 인생을 말한다.

그런데 차차 성장하다 보면 인생은 꼭 나와 너만 있는 것이 아니라 사람들이 있고 거기 또 동식물이 있으며 광물적 자연세계가 있기 마련이다. 그래서 거기서 너와 나를 가지고 그 이름에 집착되어 너를 버리고 나를 위해서 사는 나, 이것이 곧 소아(小我)고 속진(俗塵)이다.

세상의 명예와 모양에 팔려 나마저 잊어버리고 사는 나, 이것이 제로 인생이다.

그런데 이렇게 살다보면 무상한 시간 가운데서 끊임없는

경쟁을 하고, 경쟁 가운데서 깨끗하고 더럽고 높고 낮은 것을 가려 그 깨끗한 체 하다보면 허례허식에 빠지게 되고 생각이 많아져서 번다한 가운데 꿈이 많은 인생을 살게 된다. 낮에는 왔다 갔다 하고 밤에는 꿈을 많이 꾸어 6식과 7식, 8식의 교차점에서 잠 없이 작업만을 계속하는 업아(業我)를 살게 된다. 있고 없는 것에 모든 것이 주로 팔려 살기 때문에 유무(有無)의 인생이라고도 한다. 90도 인생, 먼저의 제로 인생을 1+2=3의 인생이라 한다면 0=1, 1=0의 본전치기 인생이다. 있는 것이 없는 것이고, 없는 것이 있는 인생이다.

이렇게 인생을 살다보면 인생은 늘 고달픔 속에 허덕이게 된다. 차라리 모든 생각을 풀고 조용히 살고 싶어진다. 그러나 일은 끊임이 없다. 아무리 끊임이 없다 하더라도 한 생각만 놓아버리면 만 가지가 모두 쉬어지게 된다. 옛 철인이 말했듯이

"나는 생각한다. 그러므로 나는 존재한다."

하는 망상을 피웠다면

"나는 생각하지 않는다. 그러므로 나는 존재하지 않는다."

는 경계를 깨닫는다. 생각이 없다면 나 너가 없을 것이고 성현도 중생도 없을 것이며, 남자도 여자도 아이도 어른도 없을 것이다. 그러므로 이 지경은 180도 진공·무아(眞空·無我)의 경지로서 1000×0=0이 되고, 10×0=0이 되고 1×0=0이 되듯 언제나 제로 인생이다.

그러나 앞에 말한 속진의 소아적 제로 인생과는 사뭇 다르다. 마치 용광로에 천만 가지 쇳덩어리가 들어가더라도 똑같이 쇳물이 되어 흘러나오는 것과 같다. 거기에는 선도 없고. 악도 없다. 대자연과 내가 하나가 되어버린, 만사를 쉬어버린

나 즉 진공·무아의 나다. 진공·무아의 나는 죄의식이나 선의식이 전혀 없으므로 몸과 마음이 아주 평화롭고 가벼워진다. 그래서 이것을 이용한 제비족이 있었다. 요즈음뿐만 아니라 옛날에도 있었다. 봉이 김선달이 바로 그런 사람이다.

묘향산에 가면 보현사(普賢寺)라는 절이 있고 보현사에서 인호대(引虎臺)를 거쳐 상원사까지 가는 길에 이름난 폭포수가 있다. 이 폭포수를 앞두고 약 30미터 간격의 낭떠러지에 구름다리를 놓아두었는데 특히 아녀자들은 다니기 힘든 곳이었다. 그래서 절에는 그의 입구에 큰 비석을 세우고 "나무아미타불"이란 여섯 자 부처님 명호를 새겨 그것을 읽고 지나가는 사람은 무사히 갈 수 있다 하여 누구나 그 길을 가는 사람은 아미타불을 부르지 않는 사람이 없다.

그런데 봉이 김선달이, 장안의 부잣집 마나님들을 유혹하여 선경을 구경시킨다 하고 데려가서는 그곳에 이르러 선언한다.

"여기는 죄 있는 사람은 건너가지 못하는 곳이오. 떨어지면 그대로 죽는 곳이니 저 아미타불 앞에 가서 큰소리로 자기의 과거를 털어놓고 참회하여야 합니다."

사람들은 거기까지 올라 왔다가 금방 갈 수는 없으니까 순서적으로 한 사람씩 나아가서 자기의 죄를 고백했다.

"나는 처녀 때 이러이러한 일을 했고 시집가서는 이러이러한 일을 아무도 몰래 하였는데 용서하여 주십시오."

하면, 봉이 김선달은 낱낱이 그것을 수첩에 기록한다. 끝나고 나면 손을 붙들고 다리를 건너 구경을 시키고 불공을 드리고 다시 돌아가게 하는데, 마을에 내려가서는 사기를 친다.

"마님 안녕하십니까. 봉이 김선달이 왔습니다."

하면 속에서는 가슴이 철렁 내려앉으며,

"어, 저 놈이 또 왔군."
하고 뒤로 놀라 나자빠진다. 그러면 봉이는
"왜 이러십니까. 엄살떨지 마시고 둘 중 하나입니다."
"무엇이 둘 중의 하나여!"
"돈이 없으면 그것이라도…"
하여 몸 빼앗고 돈 빼앗고 하여 장안의 여자들이 성한 사람이 없을 지경이었다.

다 털어버리면 0가 되는 것이지만 그 0를 이용하는 건달도 있다.

사명대사와 서산대사가 사제간이 되어 늘 이곳을 올라 다닌다. 사명대사는 군인출신으로 몸이 장대하고 힘이 좋았으며 서산대사는 조그마한 학자 타입으로 단정하게 생겼다.
하루는 길을 오르는데 앞에 가는 서산이 너무 작고 쩨쩨해 보여,
"헤, 저것이 스승이라고 내가 저것을 어떻게 스승으로 모시고 다니나?"
하였다. 그런데 갑자기 밑으로 흐르던 폭포가 거꾸로 올라가는 게 아닌가, 사명이 놀라,
"스님 어떻게 물이 거꾸로 올라갑니까?"
"네 마음을 닮았는가 보다."
할 말이 없었다. 그로부터 그는 크게 참회하고 스승을 극진하게 모셨다. 그러하였기 때문에 일본사신으로 갔을 때 구리집에 들어가서 얼음수염을 하고 앉아 덕천가강을 놀라게 한 신통을 부렸던 것이다. 이것이 270도 인생이다. 텅텅 빈 가운데서 묘한 작용을 일으켜 묘한 자기를 형성해 가기 때문에

묘유(妙有)라 한다. 수학적으로 말한다면 3×3=9요 1000×100=1000×9가 되는 인생이다. 저울대가 고르지 않으면서도 언제나 상대방을 깨우치는 데는 =표가 나오는 묘한 세계의 인생이다. 모든 신통이 바로 이곳으로부터 나온다. 신통을 부리려면 묘유인생을 증득하여야 한다.

이 근계에 예산 사는 만송(晩松)거사라 하는 사람이 있었다. 몸이 호리호리하고 얼굴이 가무잡잡한데 신통을 잘 부려 술객으로 이름나 있었다. 그의 아들 진양이 지금 화계사에서 중노릇을 하고 있다.

친구들이 모여 술집에서 놀다가 만송더러 신통을 보여 달라고 졸랐다. 화장실에 갔다 온다고 나가더니 2, 3분 사이에 목탁을 하나 가지고 왔다.

"그게 뭐냐?"

물으니,

"읽어보라"

하면서 목탁을 술상 위에 놓는데 보니,

"금강산 유점사"라 쓰인 목탁이었다. 축지법을 한다 하여도 분수가 있는 것인데 이처럼 기적을 낳으니 그의 별명은 그때부터 비행기로 불리게 되었다.

무한량(無限量)의 시간과 공간을 자기화하여 사는 사람이다.

그런데 여기서 한 걸음 더 나가면 묘유의 인생은 여여(如如), 대아(大我)의 인생으로 탈바꿈하여 본래 제로 지대의 원점으로 돌아간다. 무아+묘아=대아가 된 인생이다. 언제 어디서나 가장 훌륭한 일을 하고 두루 모르는 것 없이 다 아는 인생이면서도 그는 너무도 팽팽한 도인이다. 그러기 때문에 이는 도인이 아니고서는 도인인 줄 알아볼 수 없는 인생인 것이다. 360도의 콤파스를 가지고 큰 허공과 같은 마음으로 있는 그대로 모든 것을 밝게 비추어 대자대비의 보살도를 실천한다.

캠브리지 하버드 대학생들이 강의를 듣고 있다가 물었다.
"360도를 넘어서 450도쯤 되면 어떻게 됩니까?"
"그대는 몇 도의 인생이나 되는 듯 하는가?"
"180도는 되는 것 같습니다."
"그렇다면 있을 때에 버려야지, 진짜 빈(眞空), 나도 없는(無我) 인생 가운데서 무슨 말이 필요하다는 말인가?"

아무 말이 없었다. 360도는 설명을 하기 위하여 이름을 붙이니까 360도이지 진짜 그 경지에 360도의 계수가 있는 것은 아니다. 점을 찍으면 도수가 생기는 것이다. 그러니 이 강의를 들으시는 분들도 그러한 계수나 모양이나 다소의 명자에 팔린다면 오히려 자기인생을 그러한 울타리 속에 가두어 넣는 신세가 되고 말 것이다. 불법은 분별 없는 가운데서 분별을 하고 시비 없는 가운데서 시비를 보는 것이다. 그러므로 옛 스님이 성성착착(惺惺着着)하라 하신 것이다. 성성착착할 뿐 다른 분별은 내서 안 된다.

8. 공안의 시험(公案試驗)

그럼 지금까지 선불교를 공부하여 왔으니 옛 스님들의 공안을 몇 가지 인용하여 우리들의 마음을 한번 점검하여 보도록 하겠다.

(1) 어떤 것이 불성이냐(如何是佛性)

자, 보라. 옛날 부처님께서는 일체 모든 중생이 유정 무정을 막론하고 "모두 불성이 있다" 하셨는데 조주스님께서는 "개는 불성이 없다"고 하였으니 어떤 것이 옳은가. 부처님이 옳은가. 조주스님이 옳은가. 조주스님이 옳다면 부처님이 그를 것이고 부처님이 옳다면 조주스님의 말씀이 그르게 된다.

자, 여기 한 말을 던져 보라.

초립쟁이가 만공스님을 찾아 물었다.

"옛날 조주스님께 어떤 중이 와서 묻기를,

"개도 불성이 있습니까?"

하니

"개는 불성이 없느니라."

하여

"무(無)라 대답하였는데 스님은 어떻게 생각하십니까?"

"저 텃밭에 많이 있느니라."

나가 보니 가을 텃밭에 팔뚝 만큼씩한 무들이 가득 차 있었다.

조주스님께 어떤 중이 와서 물었다.

"스님 불성이 있습니까?"

"내가 청주에 있을 때 도포를 하나 만들었는데 그 무게가 7근이었다."

숭산이 그 말을 듣고 방망이를 내리쳤다.

"그 때 만일 내가 그 곳에 있었다면 이 방망이로 한 대 갈겨 주었을 것이다. 왜냐하면 무슨 말이 그렇게 많아?!"

이것이 7근이다 하면 그만이지. '청주에서 옛날에 만들었다.'

하는 잡화(雜話)로 시간을 끌 필요가 있는가 말이다.

  생각이 없어진 사람에게는 있다 없다는 말이 통하지 않게 되어 있다. 이 경계를 증득하여야 180도 경계에 올라오는 것이다.

  (2) 세 가지 물건(三般物)

  삼반물이란 세 가지 물건이라는 말이다. 부처님 당시에 일곱 분의 어진 여자들이 있었다. 이 분들은 요즘 관음회니 지장회니 하는 것처럼 회를 조직하여 매월 서로 모여 법문을 듣고 불공을 드리고 스님들을 받들어 섬겼는데 하루는 시다림(屍多林)하는 곳을 구경 가게 되었다

  시다림이란 장례식이다. 장례를 네 가지로 하고 있다. 첫째는 매장(埋葬)인데 시체를 땅속에 묻는 것이고, 둘째는 화장(火葬)인데 시체를 불에 태우는 것이며, 셋째는 수장(水葬)인데 시체를 물에 넣어 물고기들에게 그 몸을 보시하는 것이고, 넷째는 임장(林葬)인데 시체를 숲속에 버려 들짐승들에게 보시하는 것이다.

  그러니까 시다림이란 시체가 많은 숲이라는 말이므로 임장하는 것을 말한다.

  대개 임장을 하는 장소에서는 시체를 찢어 나무 가지에 걸어 먹게 하기도 하고 그대로 놓아두어 그냥 뜯어 먹게 하기도 한다.

  7현녀들이 시다림 장소에 가다가 보니 그 근처에 아주 밝고 깨끗한 뼈가 한 무더기 있었다.

  한 현녀가 물었다.

  "이 뼈의 주인은 어디에 갔을까?"

한 현녀가 그 머리뼈를 가리키며,

"글쎄"

하는 사이에 7현녀가 똑같이 도를 깨쳤다. 그런데 그 때 하늘로부터 이상한 광명이 쏟아지더니 하늘에서 꽃비가 내렸다. 하늘음악이 울려 퍼지는 가운데 이 7현녀는 그대로 하늘나라로 올라갔다. 하늘나라에 가니 제석천(帝釋天)이 물었다.

"무엇이고 원하시는 것이 있으면 저희들이 원하는 대로 대령하겠사오니 말씀하십시오."

"우리에게는 아무 것도 필요치 않습니다."

"하지만 저희들이 현녀들을 통하여 복을 짓고자 하니 사양하지 마시고 말씀하십시오."

그때 한 현녀가 말하였다.

"우리에게 선물을 주시려면 세 가지가 필요합니다."

"무엇이 세 가지입니까?"

"첫째는 음양이 없는 땅덩어리 하나 하고, 둘째는 뿌리 없는 나무가 하나 필요하며, 셋째는 메아리가 나지 않는 산골이 필요합니다."

제석천왕이 이것을 구하기 위하여 3천대천 세계를 분주하게 돌아다녔으나 결국 구하지 못하고 말았다. 어쩔 수 없어 고민하다가 부처님께 말씀하였다.

"초지보살(初地菩薩)은 알 수 없고 십지(十地) 이상이 되어야 이를 구할 수 있다. 문수·보현·관음 세 보살이 그들이다. 이것은 남에게 구할 것이 아니라 스스로 구하여야 하느니라."

범천은 그 때 겨우 4지 보살이었다. 4지 보살이 어떻게 200도의 경지에서 270도 경지를 구할 수 있겠는가?

이것을 구해 얻은 사람은 270도 경지를 개척하는 것이니 여러분은 이것을 반드시 구해서 7현녀 보살들께 공양하여야 할 것이다.

(3) 여여한 경지(如如地)

여여지는 360도의 경계다. 대자연에 들어가서 갈 것도 없고 올 것도 없는 경지를 개척한 곳이다. 그 경지야 말로 있는 그대로의 모습이 그대로 드러나 있으므로

춘래초자생(春來草自生)
청산자부동(靑山自不動)
백운자거래(白雲自去來)라 하는 경지다.

봄이 오면 풀은 저절로 나는 것이고 청산도 움직이지 않는 것이며 백운은 바람 따라 이리저리 흘러가는 것이다. 봄이 오면 풀이 저절로 나므로 중생이 오면 근기를 따라 대접하고 그러나 청산은 동요가 없으므로 마음도 동요가 없다.

동요 없는 마음이 바람을 만나면 흰 구름처럼 인연 따라 동서로 윤회한다. 옛날에는 가고 싶지 않는 곳도 억지로 끌려 다녔고, 나고 싶지 않는 곳에도 억지로 나서, 살고 싶지 않는 삶을 하였는데 이제는 그 입을 마음대로 돌리고 다니면서 삼계의 귀한 손님노릇을 한다. 지대(地帶)는 같은 제로 지대이지만 불청객이 되어 눈치보고 살아가는 인생과 귀객이 되어 대접받고 영향력을 미치는 인생과의 차이에는 360도의 차이가 나는 것이다. 굴리느냐 구르느냐, 그대들은 어떤 인생을 살고 있는가?

마장동 도축장에 가보면 수없는 소들이 "우매 우매" 소리를

지르며 눈물을 흘리고 찾아온다. 제발로 걸어오는 것이 아니라 새끼줄에 묶이어 매를 맞으며 찾아온다. 일평생 여물죽을 먹고 논과 밭들을 쏘다니며 갖은 고통을 겪었던 소들이 이제 마지막 몸 바칠 곳을 향해 보보등단(步步登壇)한다.

그러나 어떤 소는 대담하게 매를 맞을 필요도 없이 제발로 걸어 들어가 기꺼이 목숨을 바친다. 죽지 않으려 몸부림친다고 죽지 않는 것은 아닌데 '죽는 마음' 그것 하나 때문에 공포의 눈물이 육신을 적신다.

가련한 인생, 이것이 제로 지대의 숫자 1의 인생이다. 시다림에 나아가 서기방광을 하고 하늘에 올라가 범천왕을 교화한 7현녀는 270도에 360도를 보탠 인생이다. 얼마만 있으면 그들은 나는 줄도 모르게 봄따라 나서 바람 따라 자거래할 것이기 때문이다.

(4) 돌이켜 보라(廻光返照)

돌아보아야 할 일이다. 과연 인생을 어떻게 살아야 할 것인가? 문자에 팔리고 이름에 팔리고 계산에 목매인 인생들은 분별 속에서 죽어간다. 그러므로 조주스님은 불법을 물으러 오는 사람들에게 차나 마시고 가라고 하였다.

"스님 부처가 무엇입니까?"
"차나 마시고 가게.(喫茶去)"
"스님, 마음이 무엇입니까?"
"차나 한잔 마시고 가게."
"불성이 무엇입니까?"
"차나 한잔 마시고 가게."
"도가 무엇입니까?"

참선불교(參禪佛教)

"차나 한잔 마시게."
아니면 불법을 물을 때 마다, 다리 밑을 내려다보라(照顧脚下) 하였던 것이다. 네 앞도 모르는 놈이 부처는 알아 무엇하며 불성은 알아 무엇 하려는 것이냐 하는 말이다.
돌아볼 일이다. 나의 다리 밑을….

(5) 인생의 길이란(人生路)
인생이 어느 곳으로부터 왔다가 어느 곳으로 가느냐 하는 문제는 동서고금 모든 사람들의 화제였다.
그러나 우리의 고인 가운데서 나옹스님의 누님이 있었다. 동생에게 염불을 배우고 나서 스스로 한 글귀의 시를 읊으니 다음과 같았다.

공수래 공수거 시인생(空手來 空手去 是人生)
생종하처래(生從何處來) 사향하처거(死向何處去)
생야일편부운기(生也一片浮雲起)
사야일편부운멸(死也一片浮雲滅)
부운자체본무실(浮雲自體本無實)
생사거래역여연(生死去來亦如然)
독유일물상독로(獨有一物常獨露)
담연불수어생사(湛然不隨於生死)

빈 손으로 왔다가 빈 손으로 가는 인생이여,
날 때는 어느 곳으로부터 왔고
갈 때는 어느 곳으로 가는가?
나는 것은 한 조각 구름이 일듯하고

죽는 것은 한 조각 구름이 스러지는 것 같네
뜬 구름은 자체가 실이 없나니
생사 거래도 모두 이와 같도다
그러나 여기 한 물건이 항상 홀로 드러나
담연히 생사를 따르지 않는다네

참으로 명시다. 나는 것을 한탄한 것도 아니고 죽는 것을 슬퍼하지도 않고 오고 가는 것을 있는 그대로 보고 또한 그 가운데서 생사 없는 도리를 보았다.
그렇다면 우리가 이 시를 읽고 잘 되었다 못 되었다 평가할 것이 아니라 이 속에 들어있는 문제 하나를 풀지 않으면 안 된다.
"홀로 한 물건이 항상 드러나 생사를 따르지 않는다."
하였는데 그 생사를 따르지 않는 담연한 한 물건이란 무엇인가 하는 것이다.
이를 아는 자는 뜬 구름을 원망하지 않으리라. 눈물을 흘리고 통곡하지 않으리라. 만나고 헤어짐을 기약하지 않으리라. 기약이 없는 세계에 나아가려면 바로 그것을 보라. 그것을 보는 자가 곧 부처님이니라.

(6) 보는 이가 곧 여래다(卽見如來)
그러면 무엇을 본다는 말인가? 저 담연한 물을 생각하는 그것을 바로 보아야 한다. 그러면 그것이 본다고 보아질 수 있는 물건인가? 아니다 아니다. 보려고 애를 쓰면 도리어 보는 마음이 구름이 되니 그 마음까지 마저 비어 허공과 같이 하면 저절로 보이게 된다. 그러므로 경에 이르기를,

"원리망상급제취(遠離妄想及諸趣)하면
영심소행개무애(令心所行皆無碍)하리라"

"만일 부처님의 경계를 알고자 하면 마땅히 그 뜻을 허공과 같이 하라. 멀리 망상과 모든 나아가는 마음(趣)을 여의면 마음 가는 곳에 걸림이 없으리라"
하는 말이다.

망상이란 속으로 온갖 분별과 시비를 일으키는 것이고 모든 취(諸趣)는 겉으로 받아들이는 온갖 세계의 일들을 반연하는 것이다. 그러므로 달마대사는 "안으로 헐떡거리는 마음을 쉬고 밖으로 모든 인연을 쉬라." 한 것이다.

그렇다고 아무 것도 하지 말고 백지처럼 우두커니 앉아있으라는 말이 아니다. 들어도 들은 바 없고 보아도 본 바 없는 가운데서 자기 일을 충실히 하면 된다. 충실하되 보는 것, 듣는 것, 먹는 것, 입는 것… 그것을 똑똑히 보면 그대로 여래가 된다는 말이다.

그렇다면 그대의 마음을 허공과 같이 하였는가? 만일 그렇게 하지 못하였다면 다시 한 번 내가 붙이는 다리와 주(註)를 들어보라.

이 정각의 성품은(此正覺之性)
위로 모든 부처님들로부터(上至諸佛)
아래로 6범에 이르기까지(下至六凡)
낱낱이 당당하게(一一當當)
뚜렷뚜렷이 구족하여(一一具足)
터끌마다 다 통하고(塵塵上通)
물물 위에 나타나(物物上現)

닦을 것 없이 성취되어(不待修成)
또렷또렷 분명하다(了了明明)

언제나 깨달아 있는 우리 본래의 마음이 어느 곳에 이렇게 존재하고 있는가를 분명히 설파한 시다. 부처님이라 하여 더 하고 중생이라 하여 덜한 것이 아니라 지옥・아귀・축생・인・천・수라 등 6범이 똑같이 낱낱이 당당하게 구족하고 있고, 티끌 하나하나 돌멩이, 나무 하나하나에 분명하게 드러나 있으니 그대로 보면 그만이지 구태여 닦고 익히고 이루고 증하는 것을 기다릴 필요가 없다는 것이다. 요요명명(了了明明)이란 또렷또렷하게 분명히 나타나 있다는 말이다. 이것을 보는 이가 부처다. 그렇다면 이 부처를 보라 하고 주장자를 들고 말한다.

"보았느냐?"(還見)
주장자를 한번 내려치고 또 묻는다.
"들었느냐?"(還聞)
이미 분명하게 보고(旣了了見)
이미 또렷하게 들었으면(旣了了聞)
결국 이게 무엇인가?(究竟是個甚麼)
같느냐 다르느냐(同也 別也)
같다고 하여도 30방망이 맞을 것이고(同也打三十棒)
다르다고 하여도 30방망이 맞을 것이다(別也打三十棒)
왜냐하면(何以故)
할(喝)
3×3=9이니라(三三九)

왜냐하면 들은 것도 분별이고 보는 것도 분별이기 때문이다. 같다고 하는 것도 분별이고 다르다고 하는 것도 분별이다. 같다 다르다 하면 3×3=9가 되지 않는다. 보고 듣는 것에 팔리는 사람은 불교는커녕 속법(俗法)도 제대로 얻기 어렵다.

(7) 어느 곳으로 가느냐(向甚麽處去)

옛 부처님도 이렇게 갔고(古佛耶 伊麽去)
지금 부처님도 이렇게 갔고(今佛耶 伊麽去)
그대도 이렇게 가고(汝亦是 伊麽去)
나도 또한 이렇게 갈 것이니(我亦是 伊麽去)
어떤 물건이 부서지지 않고(何物不敢壞)
누가 길이 견고한 자이냐(是誰長堅固)

그러므로 스님은 주장자를 한 번 치고 말하였다.

여삼세제불 일시성불(與三世諸佛 一時成佛)
공십류군생 동일열반(共十類群生 同日涅槃)

3세 모든 부처님들이 일시에 성불하고 10류 군생이 한날 열반에 들었다는 말이다. 3세제불이 일시에 성불하였다는 말은 그대가 성불하면 3세제불이 언제나 성불 속에 살고 있는 것을 볼 것이라 하는 것도 되지만 이미 시간 이전에 그들은 성불하고 있다는 사실을 명확히 드러내어 보인 것이다. 시간적으로만 그런 것이 아니라, 지옥·아귀·축생·인·천·수라·성문·연각·보살·부처의 10류 군생이 함께 열반을 얻게 되는 것이다.

개 눈에 개만 보이고 부처 눈에는 부처님만 보인다는 말이 있다. 부처님의 증과는 열반인데 제불이 일시성불하면 군생이 동일 열반한 것은 의심할 여지가 없다. 그래도 이해가 잘 안 되거든 다음 글귀에 눈을 붙여보라.

유안석인제하루(有眼石人濟下淚)
무언동자암차허(無言童子暗嗟噓)

"눈 가진 돌 사람이 눈물을 흘리고
말없는 동자가 답답해 한다."

얼마나 답답하면 돌 사람이 눈물을 흘릴꼬

(8) 도솔삼관(兜率三關)
도솔삼관이란 도솔스님께서 3가지 문제를 제시하신 화두다. 첫째 화두는,

발초참현 지도견성(撥草參玄 只道見性)
즉금상인 성재심처(卽今上人 性在甚處)다.
"번뇌의 풀을 헤치고 도의 깊은 뜻을 참구하여 단지 자성을 보라, 지금 그대의 진성은 어느 곳에 있는고?" 하는 말이다.

두 번째 화두는,

식득자성 방탈생사(識得自性 方脫生死)

안광낙지 작마생탈(眼光落地 作摩生脫)이다.

"자성을 알았다면 생사를 벗어나야 할텐데
눈빛이 떨어질 때 어떻게 생사를 벗어날꼬?"

하는 물음이다. 세 번째 화두는,

탈득생사 편지거처(脫得生死 便知去處)
사대분리 향심마거(四大分離 向甚麼去)다.

생사를 벗어났다면 갈 곳을 알 것인데
4대가 분리되면 어느 곳을 향하여 갈 것인가?
물었다.

첫 번째는 자성이 있는 곳을 묻고, 두 번째는 생사탈출의 방법을 물었으며, 세 번째는 갈 곳을 물었다. 쉽고도 어려운 질문이다. 여기 각기 자기의 길을 모색하여 함께 갈 길을 밝혀 보라. 이 화두는 무문관(無門關) 48칙 가운데 제47칙으로 널리 쓰이고 있는 화두요 문답이다. 그런데 도솔스님은 다시 다음 사활의 구(死活句)를 놓고 여기서 능사능활(能死能活)의 일구를 가려내라고 하였다.

해저니우함월주(海底泥牛含月走)
암전석호포아면(巖前石虎抱兒眠)
철사찬입금강안(鐵蛇鑽入金剛眼)
곤륜기상로자견(崑崙騎象鷺鷥牽)

"바다 속의 진흙소가 달을 몰고 가고
바위 앞에 돌 호랑이가 애기를 안고 잔다.
철뱀이 금강의 눈 속으로 들어갔는데
코끼리를 탄 곤륜을 백노가 끌고 간다."

자, 이 가운데 어떤 글귀가 죽은 글귀이고 산 글귀인가. 이것을 찾는 사람은 능히 죽을 때 죽고, 살 때 살아 여한이 없을 것이다. 사람이 날 때 나서 살기도 어렵거니와 죽을 때 죽어 삶을 욕되게 하지 않기도 어렵다. 살고 죽음의 갈림길에 서 있는 인생이 만일 이것을 찾지 못한다면 영원히 죽어 다시 살지 못할 것이다.

들어라 여기 옛 선사의 멋진 글 한 수가 있다.

산당정야좌무언(山堂靜夜坐無言)
적적요요본자연(寂寂寥寥本自然)
하사서풍동임야(何事西風動林野)
일성한안여장천(一聲寒雁淚長天)

고요한 밤 말없이 절 집에 앉았으니
적적요요하여 본래 자연 그대로다.
무슨 일로 서풍에 임가야 움직이는가?
푸른 하늘 기러기 소리 장천을 울린다.

어떤 사람이 절에 살면서 밤을 맞이하였던 모양이다. 그렇지 않아도 절 집은 고요한데 오가는 손님 하나 없는 절에 고요히 앉아있는 스님의 마음이야 오죽이나 적적하겠는가? 그런데 그 적요는 만들어서 지어진 적요(寂寥)가 아니라 본래의 자연 그대로였다. 누구나 본래의 순수한 마음은 파도가 없다는 말이다.

그런데 무슨 일로 서풍이 일어 임야를 흔드느냐 하는 말은 달마대사가 서쪽에 와서 바람 없는 데서 물결을 일으키느냐 하는 말이다. 고요한 밤 찬 하늘에 메아리치는 기러기 소리(끼욱끼욱) 듣기만 하여도 가슴속 깊이 스며든다. 여러분 왜 기러기가 우는데 찬 하늘에 메아리가 치는지 말해보라.

(9) 실중삼관(室中三關)

고봉(高峰)스님의 문하에 들어가면 어떤 사람을 막론하고 공부 중에 3개의 관문을 거쳐야만 한다. 그것도 집 밖에서 부터가 아니라 집안에 들어가서다. 불교의 시험문제는 간단명료하다. 멀리 놓고 다그치는 것이 아니라 가까이 이르렀을 때 가슴속을 헤쳐 본다.

첫째는 "고일당공(杲日當空)에 무소부조(無所不照)한데 인심피편운차각(因甚被片雲遮却)고?"

하는 문제이다.

"밝은 해가 허공에 높이 떠서 비추지 아니한 곳이 없는데 무엇 때문에 조그마한 조각구름의 가림을 입는고?"

하는 말이다.

둘째는 "인인유개영자(人人有箇影子)하야 촌보불이(寸步不離)라 인심답불착(因甚踏不着)고?"

한 문제이다.

"사람 사람마다 모두 그림자가 있어 한 치도 떨어지지 않는데 어떻게 밟지 아니할 수 있겠는가?" 하는 말이다.

세 번째는 "진대지(盡大地)가 시개화갱(是箇火坑)이라 득향삼매(得何三昧)하야 불피소각(不被燒却)고" 하는 말이다.

"온 세계가 모두 불구덩이다. 어떤 삼매를 얻어야 타지 않겠는가?"

하는 물음이다. 다시 말하면, 첫째 것은 청정본연의 혜일(慧日)이 번뇌의 구름에 피해를 입지 않으려면 어떻게 하여야 하는가 하는 물음이고, 두 번째의 질문은 자기문제(자기인과)를 자기가 어떻게 해결해 갈 수 있느냐 하는 물음이며, 셋째의 물음은 생사의 불구덩이에서 어떻게 헤어날 수 있겠는가 하는 물음이다.

(10) 그대로 부처다(卽如如佛)

"같느냐 다르냐?"

"옳으냐 그르냐?"

"너냐 나냐?"

갖가지를 묻고 갖가지를 대답하여 그 동안 어리둥절 천만가지 설법을 늘어놓았다.

그러나 이것은 불법 자체가 이렇게 복잡해서가 아니라 상대적인 인간의 의식구조가 그렇게 복잡하게 구성되어 있어 이것을 한목 놓아 버리고 자기 본래의 마음에 돌아가 태평성대를 이루게 하고자 하는 데 목적이 있다.

옛날 중국에 계현(誠賢)스님이라는 부자스님이 있었다. 4방 80리를 가도 그의 땅을 밟지 않는 사람이 없었고 천하 인민을 다 만나도 계현스님의 복과 학(學)에 대하여 모르는 사람이 없었다.

그만치 유명한 스님이기 때문에 그의 문하에는 유불선에

정통한 수많은 학인들이 모여 들었다.

하루는 신찬(信讚)이라는 아이가 중노릇을 하겠다고 왔다. 와서 보니 스님의 문하가 융성하기는 한데 진짜 법을 알고 배우는 사람은 없었다. 처음에는 기도를 드리며 의식을 익히다가 다음에는 글을 배우고 선방에 들어가 조금 선맛을 보았다. 그런데 하루는 스님께서 부르시더니 세 상좌를 앞에 놓고,

"너는 유가에 밝으니 유교를 더욱 깊이 배워 오너라."

"너는 도교에 밝으니 노장을 더욱 깊이 연구하여 오너라."

하여 유교와 도교에 밝은 두 제자에게 명령하였다. 그리고 신찬제자에게는 선방에 가서 도를 공부하여 가지고 와서 앞의 두 제자와 함께 천하의 자웅을 가려보라 하였다. 그러면서 스님은 3년 동안 쓸 돈을 하루에 한 냥씩 쳐서 1천 냥이 넘게 주었다. 그러나 신찬은 마음 공부를 하러 가는 사람이 돈을 짊어지고 가면 무거워서 도중하차하기 쉬우니 그냥 가겠다 하여 극구 사양하였다.

그리하여 세 사람은 각기 스승을 찾아 갔는데 신찬은 그때 백장산의 도인 백장스님을 찾아왔다. 백장스님은

"일일부작(一日不作), 일일불식(一日不食)이라"

는 엄격한 청규를 만들어 놓고 아침 저녁 예불 이외에는 쉴 틈 없이 일을 시켰다. 번뇌가 일어날래야 일어날 틈이 없었다.

3년을 지내고 돌아오니 그의 도반들도 모두 돌아와 있었다.

유교를 공부한 사람에게 물었다.

"너는 그동안 무엇을 배워 왔느냐?"

"삼강오륜(三綱五倫)으로 수신제가(修身齊家) 치국평천하(治國平天下)하는 도리를 배웠습니다."

도교를 공부한 상좌에게 물었다.

"너는 무엇을 배워 왔느냐?"

"단전복기(丹田腹氣)로 신선이 되는 공부를 하였습니다."

"그렇다면 유교에는 내생(來生)법이 있던가?"

"예, 공자님께서는 전생 이야기나 후생 이야기는 일체 하시지 않았습니다. 다시 또 단지 죽음 이전에서 선행을 하여 자손만대에 덕을 심어갈 것을 강조하였습니다."

"복이 다하면 타락하여 다시 인간이 되게 되는 것이니 타락하지 않도록 마음을 무위자연(無爲自然)하게 살라고 하였습니다.…"

"그럼 신찬은 무슨 공부를 하였는가?"

"아무것도 한 것이 없습니다. 그저 밥 먹고 일만 부지런히 하다가 왔습니다."

"그래? 하기야 저 사람들은 돈을 짊어지고 갔으니 돈 값을 하느라고 애를 썼겠지만 신찬이야 빈 몸으로 갔으니 올 때도 가볍게 올 수 밖에 더 있나."

하고 자리를 물러났다.

그런데 그 뒤로도 스님은 매일 같이 앉아서 책을 보시기에 여념이 없었다. 하루는 목욕물을 데워 목욕을 하시려 하시다가 신찬을 불렀다.

"오늘은 네가 나의 등을 밀어라."

"예" 하고 신찬은 목욕탕에 들어갔다. 스님은 육덕이 좋았다. 밝고 밝은 살빛에 살이 피둥피둥 쪄서 볼품이 있었다. 신찬은 등을 문지르면서 혼잣말처럼 중얼거렸다.

"법당은 좋다만은 부처가 영험이 없도다."

스님이 듣고 말하였다.

"영험은 없어도 방광은 잘 한다."

서로 웃고 목욕을 마쳤다. 그런데 그날 목욕을 하고 나서 한숨 주무시더니 일어나서 글을 보고 있었다. 마침 그 때 벌 한 마리가 방안에 들어왔다가 나가지 못하고 창에 부딪쳐 방 바닥에 떨어지고 또 떨어지곤 하였다.

신찬이 말하였다.

"빈 구멍을 즐겨 찾지 못하여
창에 부딪쳐 떨어지는 어리석은 놈아.
백년을 고지(古紙)를 뚫고자 한들
어느 날 벗어날 기약이 있겠느냐?"

이 소리를 듣고 스님이 고개를 들고 그게 무슨 소리냐고 물었다.

"아니, 벌이란 놈이 방에 들어와서 나가지 못하여 이런 시를 하나 지었습니다."

"그래, 무슨 시냐? 한번 보자꾸나."

공문불금출(空門不肯出) 투창야대치(透窓也大痴)
백년찬고지(百年讚古紙) 하일출두기(何日出頭期)

이 이야기를 듣고 스님은 그 자리에서 깨쳤다.

"너 백장스님에게 가서 일만 하였다고 하더니 진짜 공부를 하여 가지고 왔구나."

칭찬하였다.

"그것뿐이 아닙니다. 진짜 백장스님의 법문을 들으면 크게 놀라실 것입니다."

"뭐, 백장스님 법문이라고? 그 법문은 어떤 것이냐. 어서 한

번 들어보자."

"그거야 그렇게 쉽게 들을 수 있겠습니까? 법답게 들어야지요."

스님은 곧 북을 치고 종을 쳐서 대중을 모아 법좌를 마련하고 상좌를 높이 올려 모셨다. 그리고 청법게를 하여 큰 절로 3배를 하였다. 상좌에게 스님이 절을 한 것도 기이하지만 스승의 절을 받고 있는 상좌 또한 기이하였다.

그러나 신찬은 이미 신찬이 아니다. 오늘은 백장을 대신하여 설하는 법문이라 바로 백장이기 때문이다. 신찬이 높은 소리로 외쳤다.

영광독요(靈光獨曜)하야 형탈근진(逈脫根塵)이라.
체로진상(體露眞常)은 불구문자(不拘文字)로다.
진성무염(眞性無染)하여 본자원성(本自圓成)하니
단리망연(但離妄緣)하면 즉여여불(卽如如佛)이니라.

신령스러운 빛이 홀로 드러나
6근 6진의 경계를 벗어나 있도다.
그 드러난 참 모습이여.
문자에 구애함이 없어라
참된 성품은 물듦이 없어
본래부터 스스로 원만히 이루어져 있으니
단지 망녕된 생각만 여의면
그대로 부처로다.

이 얼마나 간결하고 적절한 시인가? 스님은 이 말씀을 듣고 그대로 망연을 여의고 그대로 부처가 되었다. 그리하여 스승

상좌가 함께 백장의 법을 이었으며, 후세 많은 구도자들의 좋은 본이 되었다.

사대각리여몽중(四大各離如夢中)이여,
육진심식본래공(六塵心識本來空)이로다.
욕식불조회광처(欲識佛祖廻光處)하는가,
일락서산월출동(日落西山月出東)이니라.

"4대가 각기 꿈 가운데서 흩어지고
6진 심식이 모두 공하도다.
부처님과 조사들이 깨달은 곳을 알고자 하는가?
서산에 해 떨어지면 동산에 달이 솟느니라."

나를 알고 나를 움직이는 것을 알았으면 자연에 돌아가는 것은 정한 이치다. 천하 귀인도 땅속에 들어가면 한 줌의 흙이 되고 천하 미인도 코밑에 숨결이 지면 불러도 대답 없고 소리쳐도 듣지 못한다. 누가 해 떨어지면 달 뜨는 이치를 알아 흙밥 속에서 회광반조(廻光返照)의 불조가 될 것인가.

지금까지 우리는 불교의 목적으로부터 불교의 분류, 구성, 소승불교의 수행관 대승불교의 수행관, 선불교의 대각관(大覺觀)을 차례로 살펴보았다.
그래서 결국 우리는 이 몸이 법신이고 이 마음 부처인 것을 깨달았다. 그렇다면 관념을 초월한 여덟 가지 바른 길(八正道)을 걸으며 외롭게 먼 길을 목적 없이 방황하는 뭇 중생들에게 길잡이가 되도록 노력하여야겠다.

쥐가 고양이 밥을 먹다가 그 밥그릇이 깨어졌으니 어떻게 할 것인가?

부처님의 열 가지 위대한 서원을 되뇌며 어두운 항구에 등대가 될 것을 다짐한다.

원아영리삼악도(願我永離三惡道)
원아속단탐진치(願我速斷貪瞋痴)
원아상문불법승(願我常聞佛法僧)
원아근수계정혜(願我勤修戒定慧)
원아항수제불학(願我恒隨諸佛學)
원아불퇴보리심(願我不退菩提心)
원아결정생안양(願我決定生安養)
원아속견아미타(願我速見阿彌陀)
원아분신변진찰(願我分身遍塵刹)
원아광도제중생(願我廣度濟衆生)

원컨대 나는 영원히 3악도를 여의겠습니다.
원컨대 나는 속히 탐진치를 끊겠습니다 .
원컨대 나는 항상 불법승을 듣겠습니다.
원컨대 나는 부지런히 계정혜를 닦겠습니다.
원컨대 나는 항상 모든 부처님들의 법을 배우겠습니다.
원컨대 나는 깨닫는 마음을 버리지 않겠습니다.
원컨대 나는 결정적으로 극락세계에 태어나겠습니다.
원컨대 나는 빨리 아미타불을 뵙기 원합니다.
원컨대 나는 온 세계에 분신을 나타내서
원컨대 나는 널리 모든 중생을 제도하겠습니다.

불국토를 장엄하려면 3악도가 없어야 하고, 3악도를 없애려면 탐진치를 끊어야하고, 탐진치를 끊으려면 불법승을 항상 들어야 하고, 3보를 들으면 계정혜를 닦아 항상 부처님들을 따라다니며 공부하여야 한다.

공부를 하다가 보면 나태심이 나기 쉬우므로 왜 이렇게 게으른가? 왜 이렇게 핑계가 많은가? 깨닫는 마음을 크게 일으켜 물러나지 말아야 한다.

그러려면 먼저 성불하여 안양국을 장엄하신 아미타불이 계시므로 결정코 안양국에 태어나서 아미타불을 뵙고, 온갖 세계에 분신을 나투어 무량중생을 제도하시므로 그와 같이 하겠노라 서원하신 것이다.

부처님은 태어나실 때마다 이 서원을 버리지 않았다. 버리지 않으므로 성불하여 모든 중생을 제도하신 것이니 우리도 이 원을 지표로 하여 사바세계를 불국토로 만들 때까지 함께 노력하여야 한다.

비구 비구니 신남 신녀의 동참대중이 스님의 법문을 듣고 환희용약 하였다.

禪의 羅針盤

印刷日 | 2012년 1월 25일
發行日 | 2012년 1월 30일

發行處 | 불교통신교육원
편 저 | 활 안 한 정 섭

인 쇄 | 이화문화출판사
02-738-9885~6

발행처 | 477-810 경기도 가평군 외서면 대성리 산 185번지
전 화 | (031)584-0657, (02)962-1666
등록번호. 76. 10. 20. 경기 제 6 호

값 8,000원